À Victoire qui nous a donné l'idée de ce livre
et à tous les enfants qui veulent comprendre leurs parents.

Comment survivre en famille

Illustrations : Pascal Lemaître

22, rue Huyghens, 75014 Paris - www.albin-michel.fr
Loi 49-956 du 16 juillet 1949 sur les publications destinées à la jeunesse
ISBN : 2 226 12 849 2

Catherine Mathelin & Bernadette Costa-Prades

Comment survivre en famille

Albin Michel Jeunesse

Sommaire

Préface

Il existe de nombreux ouvrages pour éduquer les enfants, mais pas un seul pour bien élever ses parents. Voilà, c'est fait ! Tu viens d'ouvrir un livre bourré d'astuces pour savoir comment t'y prendre avec eux et vivre en famille sans (trop de) soucis ! Nous avons écouté les questions des enfants et sélectionné pour toi les situations qui demandent un zest de réflexion, deux bons gros zestes de finesse. Nous te donnons des pistes pour y répondre à ta façon, en fonction de ton type de parents. Car tous ne se ressemblent pas, loin de là. Il y a des parents sévères, des parents farfelus, des parents pas marrants... Cela dit, tous ont en commun des réactions qui font que l'on repère un parent de loin.

En voici quelques-unes que tu vas retrouver tout au long de ce livre :

• Un parent est inquiet de nature. Pour ne pas l'avoir sur le dos, il s'agit de le savoir et de faire ce qu'il faut pour ne pas en rajouter.
• Un parent aime qu'on l'aime.
• Un parent parfait n'existe pas.
Tant mieux ce serait trop ennuyeux !
• Un parent prend souvent son enfant pour un bébé. C'est à toi de lui donner la preuve que tu as grandi !
• Un parent peut devenir un être compréhensif, ouvert, drôle quand on s'y prend bien avec lui.

J'ai piqué de l'argent dans les poches de mon père...

Cet argent est celui de ta famille. Il sert à faire les courses, à t'acheter des habits. Il te sert donc aussi à toi, mais il ne t'appartient pas.

Tu n'aimerais sans doute pas que ta mère se serve dans ta tirelire, même si c'est elle qui l'alimente. Qu'est-ce que tu as voulu prendre avec cet argent ? Tu penses peut-être que ton père a des choses que tu n'as pas ? Tu vas grandir et tu les auras aussi.

Le plus ennuyeux dans cette histoire, c'est qu'en piquant de l'argent, tu risques de perdre la confiance de tes parents, et rien n'est plus précieux ! Pourquoi ? Parce que cela rend très malheureux d'être soupçonné en permanence. Dès qu'il va manquer quelque chose dans la maison, on va se tourner vers toi pour t'interroger. Franchement, est-ce que ça vaut les quelques pièces que tu as accaparées en douce ? Peut-être as-tu le sentiment de ne pas avoir assez d'argent de poche ? Parles-en ouvertement à tes parents, ce sera plus efficace que de te « servir » toi-même au coup par coup, avec tous les risques que cela entraîne.

À toi de jouer !

☺ **Si tu as fait ce geste rapide et non réfléchi, mieux vaut aller voir illico ton père et lui dire : « Tiens, je te le rends. » Il sera fier de ton courage, même s'il t'engueule un peu sur le coup.**

À toi de jouer ! (suite)

☺ Tu crois que tu seras simplement puni et que l'affaire sera terminée ? Malheureusement, tu risques beaucoup plus gros. Car même quand on n'a volé qu'une seule fois, on garde l'étiquette de voleur, et ensuite tu constateras qu'il est très difficile de s'en défaire. Or, tu n'es pas un voleur, tu as juste pris un peu de sous pour t'acheter quelque chose qui te faisait envie, parce que tu n'avais pas la patience d'attendre un peu.

☺ Un dernier conseil : parle un peu plus souvent d'argent avec tes parents, demande-leur comment ils gèrent le budget familial. Tu as l'âge de commencer à te sentir concerné toi aussi par son utilisation.

LA RÈGLE D'OR

L'argent des parents, c'est l'argent de la famille. Il te sert aussi à toi. Ce serait bête de te voler toi-même, tu ne trouves pas ?

J'ai menti !

« Le carnet de notes ? J'sais pas où il est... »
« Le bouton de la machine à laver est cassé ? Ah bon ! j'avais pas vu... »

Alors là, on t'arrête tout net : tu vas droit dans le mur. Pourquoi est-ce que tu as menti ? En général, c'est pour ne pas te faire gronder. Or, si tu regardes bien, c'est souvent exactement le contraire qui se passe. Mentir t'expose à te faire deux fois plus enguirlander : pour la bêtise d'abord, pour le mensonge ensuite. Car, franchement, c'est rare que les parents crient plus pour une faute avouée que pour un mensonge...

Si on en résume les inconvénients : primo, tu te fais plus gronder, donc ce n'est pas très utile. Deuzio, comme pour le vol, tu vas prendre l'étiquette de menteur et on va douter de toi à chaque fois que tu vas parler. Tertio, tu ternis ton image : mentir, c'est tromper l'autre, et non seulement tu lui donneras une mauvaise image de toi mais en plus tu finiras par en avoir une mauvaise de toi-même. Au final, tu risques de te mentir et c'est pourtant très important dans la vie d'avoir du respect pour soi. C'est chouette de se dire qu'on est quelqu'un de bien. Et puis, quand on a menti, on vit dans la terreur d'être découvert, un sacré temps de gâché ! Choisis : t'angoisser en permanence, ou te faire engueuler une bonne fois ?

À toi de jouer !

☺ Tu as de mauvaises notes sur ton carnet ? Ben oui, la Terre ne s'arrête pas de tourner pour autant. Mieux vaut l'annoncer tout de suite. D'accord, ce n'est pas drôle sur le moment, ça risque de barder, mais une fois que l'orage sera passé, tu seras drôlement fier de toi.

À toi de jouer ! (suite)

☺ Si tu avoues, tu te rendras compte que la réaction de tes parents n'est pas aussi terrible que tu l'imagines.
Allez, courage, on est avec toi !

LA RÈGLE D'OR

On est toujours plus heureux quand on est fier de soi…

J'ai peur qu'on se moque de moi quand je parle...

Qui se moque de toi ?
Est-ce qu'on riait de toi quand tu étais petit ?

Peut-être que tu déformais les mots, que tu disais « rhinoféroce » au lieu de « rhinocéros », et cela faisait rire tes parents ? Oui, mais toi cela te rendait triste. Depuis, tu as pris l'habitude de tourner quarante fois ta langue dans la bouche avant de parler. Alors là, il faut qu'on t'explique un peu comment fonctionne un parent, et, d'une manière générale, un adulte. Ils adorent les mots d'enfants, ils les répètent, la plupart du temps à table devant toute la famille, et toi tu es mort de honte ! En fait,

ce n'est pas pour se moquer de toi, mais parce qu'ils trouvent ça mignon, rigolo... Il ne s'agit pas d'un rire méchant. Seulement voilà : les enfants sont parfois susceptibles, et c'est peut-être un peu ton cas. Tu te vexes et tu finis par te taire, de peur de dire une bêtise. Si tes parents ont gardé cette fâcheuse habitude, dis-leur gentiment que cela te fait de la peine. Les adultes ont eu aussi à apprendre ce qu'ils savent. Ils ont fait ce que tu vas faire bientôt : ils se sont documentés, ils ont appris. Le savoir, ce n'est pas magique et c'est normal à 40 ans de connaître plus de choses qu'à 10. Un jour, tu en sauras autant... si tu arrêtes de penser que tu ne dis que des bêtises !

À toi de jouer !

☺ **Ose parler, tant pis si tu te trompes. Dis-toi bien que personne n'est jamais savant d'emblée. Dans la vie, il y a des moments où il faut avancer sans être tout à fait sûr de sa destination. Ce sont ces risques qui font avancer. Quelquefois, on échoue et c'est l'occasion d'aller plus loin, mais parfois, on s'étonne d'être aussi performant !**

À toi de jouer ! (suite)

- Commence à parler de sujets que tu connais bien, tu verras que tu sais beaucoup plus de choses que tu ne crois.

- Il y a des domaines que tu ignores ? Pose des questions, documente-toi, cherche dans les livres. Il n'y a pas de gens bêtes, il n'y a que des gens qui n'apprennent pas. La seule chose que tu peux te dire, c'est : « J'ai été feignant, je ne suis pas allé voir. » Si tu restes dans ton coin en te désolant : « Je suis nul, je ne sais rien », tu ne feras pas avancer ton problème. Entre nous, c'est surtout pratique pour ne pas se fouler...

LA RÈGLE D'OR

Accepte de ne pas tout savoir et fais des efforts pour apprendre. T'es capable !

Je ne supporte plus que mes parents m'embrassent...

Eh bien, c'est ton droit !
On est tous différents devant les bisous.

Certains les adorent, d'autres un peu moins, d'autres encore pas du tout. Parfois, on les a aimés quand on était petit et puis on a grandi : refuser les câlins, c'est une des manières dont on dispose pour le signaler aux parents. Et ce n'est pas toujours facile à leur faire admettre ! Peut-être encore ne les aimes-tu pas depuis que tu es tout petit, et c'est important de se le dire.

Tes parents adorent les câlins et pas toi ? Pas de chance ! Tu vas avoir une mission délicate : leur faire passer le message sans les chagriner. Car, comme tu le sais, les parents sont des petits êtres sensibles et susceptibles, un rien les vexe ! Ils associent souvent câlins, bisous et amour, ce qui ne va pas toujours ensemble.

À toi de jouer !

Utilise la formule : « Tu sais, maman, je t'aime beaucoup, mais je n'aime pas trop les bisous » plutôt que : « Houla ! t'as pas fini de me serrer comme un anchois ? » en te dégageant comme si ta mère avait la peste ! On te le rappelle encore, les parents ont besoin d'être chouchoutés, même s'ils t'engueulent. Parce que, de leur côté, ils savent qu'ils continuent à t'aimer, même quand ils sont désagréables. Et ils ont besoin de sentir que, pour leurs enfants, c'est la même chose.

À toi de jouer ! (suite)

☺ Tu veux avoir la paix ? Suis notre règle d'or de la survie en famille : montre à tes parents que tu les aimes. Et pour cela, pas besoin de bisous, les mots font très bien l'affaire !

LA RÈGLE D'OR

Tu as le droit de montrer ton affection comme tu le veux, tu as le droit de dire « non » pour les choses qui ne concernent que toi, comme les bisous.

Je n'ai plus trop envie d'aller chez mes grands-parents...

À partir d'un certain âge, c'est vrai, on a quelquefois moins envie d'aller chez ses grands-parents.

Certains ont des habitudes qui nous ennuient : manger à telle heure, se coucher comme les poules, ne pas salir les coussins, ne jamais parler des problèmes... C'est sûr, ils sont d'une autre génération que tes parents et sont souvent plus fatigués qu'eux. Ils n'ont pas les mêmes idées non plus. Pas la peine de te sentir coupable, tu les aimes bien quand même, seulement voilà : tu t'ennuies un peu chez eux, loin des copains.

À toi de jouer !

☺ L'idéal, le bonheur, c'est qu'ils aient une grande maison et qu'ils invitent en même temps que toi les cousins du même âge. Si tu en discutes avec tes parents, tu devrais sans problème arriver à les convaincre. Tant qu'on ne dit pas de mal d'eux, ils comprennent toujours tout !

À toi de jouer ! (suite)

☺ Promets d'aider dans la maison si tes grands-parents rechignent à recevoir tout le monde en même temps... et tiens ton engagement.

À toi de jouer ! (suite)

☺ Tu es fils unique, ton père et ta mère aussi ? Il te reste à convaincre mamie d'inviter un copain ou une copine. Choisis-en un qui est bien élevé, qui dit « bonjour » et « merci », même si ce n'est pas vraiment ton meilleur ami, nous sommes ici dans un plan d'urgence !

À toi de jouer ! (suite)

- Renseigne-toi : n'y aurait-il pas par hasard des enfants de ton âge dans le quartier ? Ce serait quand même idiot qu'à 50 mètres de chez tes grands-parents il y ait un enfant de ton âge qui compte les heures jusqu'à son départ. On a vu des vacances très mal parties se transformer en séjour inoubliable !
- Profite de ce que peuvent t'apporter tes grands-parents, ils savent des tas de choses que tu ne connais pas : certains sont passionnés d'informatique, d'autres de jardinage... Tu peux ainsi partager de bons moments avec eux, si tu ne te braques pas en répétant que tu t'ennuies chez eux...

À toi de jouer ! (suite)

☺ Suggère aussi la colonie et coupe la poire en deux : une semaine en stage, une semaine chez les grands-parents. Surtout, ne brusque pas tes parents, ils se font du souci pour les leurs, et ils ont eu du mal, comme toi, à les rassurer.

LA RÈGLE D'OR

Les parents et les grands-parents comprennent toujours quand on leur explique gentiment, jamais quand on hurle ou qu'on boude...

Je ne veux pas partir en colo !

Au fond, qu'est-ce qui t'ennuie ? Tu sais qu'il va falloir te plier à des règles différentes de celles de la maison, que tu vas devoir affronter des enfants inconnus ?

C'est bête quand même, dans la vie, de ne pas essayer quelque chose que l'on ne connaît pas, aussi bête que de dire qu'on n'aime pas un plat quand on n'y a pas goûté ! Si ça se trouve, tu adores la colonie et tu ne le sais pas ! Bon, on plaisante, mais c'est vrai que tu as sûrement un peu peur et c'est normal.

Peut-être es-tu un peu trop collé à ta mère ? Peut-être te crois-tu plus dépendant de tes parents que tu ne l'es vraiment ? Quand tu vas partir, tu vas voir que tu peux vivre loin d'eux et que c'est une expérience enrichissante.
Quelquefois, quand on ne veut pas quitter ses parents, on pense que cela va mal se passer en notre absence. On croit que l'on a peur pour soi, alors qu'on se fait peut-être un peu de souci pour eux. Tes parents, ils sont en toi, tu les portes dans ton cœur, tu les emportes dans tes pensées quand tu n'es pas avec eux. Ne t'inquiète pas, ils seront sûrement contents de te voir tenter une expérience nouvelle. Et puis, quand tu vas les retrouver, tu auras plein de choses sympas à leur raconter !

À toi de jouer !

☺ Si tu partais avec un copain ? À deux, on est mieux armés pour s'intégrer dans un nouveau groupe.

À toi de jouer ! (suite)

Promets à tes parents de leur écrire, dis-leur que tu vas sûrement t'ennuyer (un peu) sans eux, qu'ils vont te manquer, bien sûr, mais que tu te sens prêt.

LA RÈGLE D'OR

Cela vaut toujours la peine de tenter une nouvelle aventure.

Mes parents me déçoivent drôlement...

Tant mieux, c'est normal.

Oui, tu as bien lu : même si c'est difficile pour toi et douloureux aussi pour tes parents, c'est comme ça qu'on grandit ! Quand on est bébé, on croit que sa mère peut tout arranger d'un coup de baguette magique, que son père est un super géant qui combat tous les dangers. Si tu continuais à penser la même chose aujourd'hui, cela voudrait dire que tu es resté petit.

Car la vie t'a montré que tes parents étaient des êtres humains, pas des personnages de contes de fées. On surprend une petite faiblesse de papa, un gros mensonge de maman. Eh oui, les adultes ont aussi leurs défauts et cela n'empêche pas de les aimer quand même. Tu t'imagines sérieusement avoir Superman et Blanche Neige comme père et mère ? Mais ce serait terriblement ennuyeux ! Les parents ne sont pas des héros, seulement des gens bien, forts et fragiles selon les moments, et c'est déjà énorme. Est-ce que tu ne préfères pas un père disponible pour parler avec toi et jouer au foot à un père invincible avec lequel on ne partage rien ? Bon, tu vois bien...

À toi de jouer !

☺ **Repère les qualités de tes parents vis-à-vis de toi, tu verras qu'elles sont bien plus nombreuses que leurs défauts.**

À toi de jouer ! (suite)

☺ Observe tes parents avec les autres : tu découvriras qu'ils savent être drôles, charmants, qu'ils sont appréciés par leurs amis...

À toi de jouer ! (suite)

☺ Comme tu demandes à tes parents de te pardonner tes défauts, montre-toi indulgent aussi avec les leurs !

LA RÈGLE D'OR

Aimer quelqu'un, c'est aussi accepter ses défauts

J'aimerais tellement avoir un frère ou une sœur...

Ah bon, quelle drôle d'idée !
Tu es fou ou quoi ? As-tu seulement une petite idée des ennuis que tu te prépares ?

D'abord, à ton âge, tu vas voir débarquer un bébé avec qui il te sera impossible de jouer, qui n'écoutera pas tes histoires le soir dans le lit, ne perds pas cette idée de vue ! Il faut bien que tu fasses la différence entre un frère ou une sœur et un copain ou une copine. Réalise quand même que ce bébé, ce sera celui de tes parents, pas une poupée de plus. Ce n'est pas toi qui le commanderas.

Et puis, franchement, ce n'est pas ton affaire : faire un enfant est une grande responsabilité qui n'engage que le désir de tes parents, ne t'étonne pas s'ils t'envoient promener quand tu insistes trop ! Es-tu enfant unique ? C'est souvent le cas quand on demande un frère ou une sœur. Peut-être tes parents voulaient eux aussi d'autres enfants et qu'ils n'ont pas pu en avoir ? Alors, tu aimerais comme eux qu'un autre bébé arrive dans la famille. Est-ce alors ton désir à toi ? Si, au contraire, ils ont décidé de n'avoir qu'un seul enfant, c'est leur choix. Toi, quand tu seras adulte, tu en auras plein si tu veux.

À toi de jouer !

Pour te consoler, nous te conseillons vivement de poser des questions autour de toi : comment ça se passe chez les copains ? Évalue les inconvénients que ça représente par rapport aux avantages.

À toi de jouer ! (suite)

☺ Si tu t'ennuies, invite plus souvent des copains à la maison pour dormir. Tes parents peuvent comprendre que tu as besoin d'être entouré d'enfants de ton âge.

LA RÈGLE D'OR

Si tu te sens trop seul, rapproche-toi de tes cousins et de tes copains.

Mes parents préfèrent mon frère ou ma sœur...

Es-tu sûr que ce n'est pas une idée que tu te fais ? Parfois, on s'imagine qu'on est moins aimé parce qu'on voudrait toujours plus d'attention.

Si, vraiment, ce n'est pas dans ta tête, si tu es sûr qu'un autre est préféré, réjouis-toi ! C'est pour lui que ce sera le plus dur plus tard ! Eh oui, c'est à lui que l'on va demander d'être parfait, de réussir en tout. Et puis, on lui dit tellement qu'il est génial qu'il ne fait plus d'effort ! Cela dit, tu es sans doute malheureux aujourd'hui, et c'est cela qui importe. Dis-toi bien que dans une famille il

y a plein de places différentes, et un frère et une sœur n'occupent jamais la même. Ton père et ta mère ne se comportent pas avec toi comme avec ton frère et ce n'est pas parce qu'il est mieux que toi. La préférence ne renvoie pas forcément à des qualités. Toi, tu es arrivé à un autre moment de leur vie, tu as une position qui n'appartient qu'à toi. L'amour des parents n'est pas un gâteau que l'on découpe en tranches et qui est distribué en parts égales. Pas besoin de surveiller en permanence si par hasard l'un de vous aurait une plus grosse part que l'autre ! Ils fabriquent un nouveau gâteau pour chaque enfant. Pourquoi ? Parce qu'aucun enfant ne se ressemble, chacun a des goûts différents : l'un le préfère plus sucré, l'autre l'aime aux fruits ou au chocolat. C'est une relation unique, qui n'a rien à voir avec ce qu'ils vivent avec ton frère ou ta sœur. La preuve ? Écoute tes parents parler entre eux lorsque l'un de vous part en vacances : même s'il y a encore trois autres enfants à la maison, c'est celui-là qui leur manque, les autres ne le remplacent pas ! Ils ont besoin de tous leurs enfants autour d'eux. Parfois, il peut arriver que les parents montrent une réelle préférence. Parce que ton frère ou ta sœur a des traits de caractère dans lesquels ils se retrouvent. Ou encore parce qu'il correspond plus à ce qu'ils attendaient d'un enfant. Ce n'est pas de ta faute, c'est dans la tête de tes parents que cela se passe ; mais c'est difficile pour toi. Comme toujours, pense aux avantages. Tu vas avoir envie de réussir plein de choses dans la vie, pour montrer de quoi tu es capable.

À toi de jouer !

- Tu trouves ton gâteau un peu maigre ? Alors mets aussi la main à la pâte. Ce gâteau-là se fabrique à deux !

- Si tu es trop malheureux, parles-en autour de toi, à ton pédiatre, à quelqu'un de la famille que tu aimes bien. Essaie de voir si c'est simplement une idée que tu te fais ou si c'est vrai. Peut-être qu'il y a quelque chose qui se passe mal entre tes parents et toi, mais ce n'est pas parce que tu as un frère ou une sœur.

LA RÈGLE D'OR

Le chouchou n'est pas celui qui a le plus de chance, c'est vrai à l'école, c'est vrai aussi à la maison...

Je veux un animal !

**Pourquoi as-tu envie d'un animal ?
Tu penses que c'est le compagnon idéal, qui sera toujours avec toi ?**

C'est à lui que tu pourras raconter tes petits secrets, il comprendra tes chagrins. En plus, comme il ne parle pas, tu pourras imaginer ce qu'il pense, sans qu'il te contredise. Pratique... Tu te sens un peu seul en ce moment ? Dis-toi bien que ton animal ne remplacera jamais un humain. Mieux vaut avoir un copain avec qui discuter qu'un chat à caresser. On peut aussi avoir

envie d'un animal parce qu'on aimerait bien commander : à la différence des copains, on peut en faire un peu ce qu'on en veut...
Bon, franchement, on ne voudrait pas paraître rabat-joie, mais un animal, c'est génial les huit premiers jours, ensuite ça se gâte. Si tu as un chat, il faut changer sa litière, si tu as un chien, tu dois le promener à l'heure de ton feuilleton préféré... As-tu pensé aux vacances ? Il faudra parfois faire des kilomètres pour l'emmener chez ta mamie (et encore, si elle n'est pas allergique aux poils d'animaux !), ou lui trouver une pension... Un animal n'est pas une peluche, il demande des soins, de l'attention, c'est une vraie contrainte durant de longues années !

À toi de jouer !

☺ **Un de tes copains a un animal ? Demande-lui de te le prêter pendant un week-end, tu pourras ainsi montrer à tes parents tes talents de gardien... Et tu te rendras compte par la même occasion du travail que cela représente.**

À toi de jouer ! (suite)

☺ Tu te sens prêt ? Alors, sois raisonnable : évite de demander un saint-bernard si tu habites un trois-pièces... Au moment de choisir ton animal, pense aux différents avantages et inconvénients des animaux de compagnie : les chats sont indépendants et n'ont pas besoin de toi pour sortir, la tortue ne mange qu'une fois par semaine...

LA RÈGLE D'OR

Un animal ne remplace jamais un vrai copain...

Au secours, on déménage !

C'est bien les parents, ça...
Parfois, ils ont de drôles d'idées !

Tu avais déjà eu un mal fou à t'adapter à ton école, à te faire des amis dans le quartier, et voilà qu'il leur prend encore le désir de bouger. Sauf que, toi, tu n'en as pas, mais alors pas du tout envie ! Souvent, les parents arrivent avec des arguments du genre : « Tu auras une chambre à toi », ou bien : « La maison sera plus grande. » Bref, ils disent toujours que ça va être mieux. Toi, tu es loin d'être convaincu.

En fait, il faut bien le reconnaître, tout changement provoque de l'angoisse, de l'inquiétude. Ce n'est pas facile d'aller vers l'inconnu, on perd ses habitudes et on est toujours plus rassuré par ce que l'on connaît. Peut-être vas-tu quitter la maison où tu as grandi ? Il va falloir te créer d'autres repères. Mais ce n'est pas parce que tu ne connais pas quelque chose que cela va être épouvantable : si ça se trouve, ça va même être beaucoup mieux ! Si on ne bouge jamais, on peut passer toute sa vie au même endroit : toujours les mêmes murs, les mêmes têtes, les mêmes... Au secours ! Tu n'es pas déjà un vieux pépère qui ne veut pas quitter ses chaussons ? En partant, tu emmènes tout ce que tu es, tu emportes tous tes souvenirs. On avoue que le plus dur pour toi reste le changement d'école. Mais si tu es bien dans ton école actuelle, il n'y a pas de raison que cela se passe mal dans la nouvelle. Tu peux aussi avoir l'impression désagréable d'être trimbalé comme un paquet, d'être un peu victime d'un caprice de tes parents. Pourtant, à ton âge, il faut que tu admettes que tu n'as pas le choix, tu dois vivre à leur rythme. Ce ne sont pas les enfants qui décident de la vie de famille. Entre nous, c'est plus rassurant comme ça, tu ne trouves pas ? Quand tu seras grand, tu feras tes propres choix. En attendant, fais des efforts pour t'adapter en douceur...

À toi de jouer !

- Demande à tes parents de pouvoir garder un contact avec tes anciens copains. En général ils sont d'accord parce qu'ils sont toujours un peu embêtés quand tu n'es pas content.

- Allez, ce n'est pas le moment d'être timide ! Inscris-toi dans un club de sport près de ton nouveau domicile, regarde si dans l'immeuble ou la maison d'à côté il y a des enfants de ton âge. Oui ? Bon, tu vois bien, ce n'est pas la catastrophe. Dans quelques mois, tu te demanderas pourquoi tu avais si peur de déménager !

LA RÈGLE D'OR

Partir, c'est toujours un peu une aventure. Et c'est ça qui est bien, sinon on passe à côté de tout.

Je suis inquiet quand mes parents ne sont pas là...

Tu es à un âge où tu dois pouvoir rester sans tes parents à la maison de temps en temps.

Car c'est seulement si tu te sens en sécurité quand tu es seul que tu pourras te sentir bien avec les autres. Peut-être que tes parents sont de grands inquiets eux aussi ? Un parent pas rassuré n'est pas rassurant... Pourtant, quand ils ne sont pas là, tu n'es pas en danger. Et même absents physiquement, ils sont présents dans ta tête...

À toi de jouer !

- Invite un copain pour t'aider à apprivoiser ce temps sans tes parents. Mais attention ! On ne peut pas toujours se servir des autres pour ne pas avoir peur. Le copain ne doit pas devenir une béquille, parce que, dans ce cas, s'il te lâche, tu vas te casser la figure !

- Pour t'entraîner, reste un moment seul dans ta chambre, quand tes parents sont à la maison, en t'occupant à une de tes activités préférées. Le goût de la solitude s'acquiert en étant seul... avec quelqu'un pas loin de soi.

- Tente ensuite de rester vraiment tout seul une petite demi-heure, puis une heure. Tu vas petit à petit te rendre compte que tu es capable de veiller sur toi-même et donc de te sentir en sécurité.

LA RÈGLE D'OR

La force de rester seul, il faut que tu la trouves en toi.

J'aime les marques de vêtements, ma mère trouve ça nul !

À ton âge, on a une grande envie d'être apprécié par ses copains et on aimerait leur ressembler.

C'est en étant habillé de la même manière que l'on se sent appartenir à un groupe. Le problème avec les marques, c'est que les vêtements sont plus chers et qu'en plus on fait de la publicité pour le produit gratuitement ! Et puis, méfie-toi :

si quelqu'un ne t'apprécie que parce que tu as tel ou tel blouson, c'est qu'il aime plus ton « emballage » que ta personne, ce n'est pas vraiment un ami... Tu connais sans doute des gens très bien qui ne portent aucune marque.

À toi de jouer !

☺ **Attention, être obsédé par quelque chose n'est jamais bon. Si tu embêtes tes parents tous les jours avec ta marque de baskets, non seulement tu ne les auras pas, mais en plus tu vas finir par les braquer complètement et ils ne voudront plus du tout en discuter avec toi.**

À toi de jouer ! (suite)

- Fais-toi remarquer au contraire pour ton originalité. Cultive ton style. Tes copains t'accepteront tout autant si tu as des habits sympas, sans marque connue, auxquels tu ajouteras une petite note personnelle. La différence peut aussi être une force...
- Si tu coupais la poire en deux ? Quelques vêtements de marque, le reste sans. À te voir si raisonnable, tes parents vont spontanément t'en offrir un de plus !

- Économise ton argent de poche pour t'en offrir un.
- Au fait, tes parents, ils ne portent jamais de marques ? Le sac de ta mère, la voiture de ton père ? Voilà un bon sujet de discussion pour le repas de ce soir !

LA RÈGLE D'OR

La valeur de quelqu'un ne se mesure pas à ce qu'il porte sur le dos.

Je me dispute souvent avec mes parents...

Eh bien, ce n'est pas si mal de pouvoir dire qu'on n'est pas d'accord, tu ne trouves pas ?

Que tes parents t'agacent par moments, rien de plus normal. Comme quand tu avais trois ans et que tu criais « Moi tout seul ! » pour mettre ton manteau, tu as aujourd'hui envie d'avoir tes propres idées « toi tout seul » sur le monde. Et ce ne sont pas forcément celles de tes parents. En général, tu remarqueras qu'ils aiment bien discuter, sauf si bien sûr tu commences par leur dire

qu'ils sont vieux, dépassés et qu'ils ne comprennent rien. Ça les énerve, forcément... Les parents, ils sont comme toi, ils n'aiment pas se faire traiter de nuls. Mais si tu discutes calmement, si tu avances ton point de vue, ils seront fiers de toi. En ce moment, tu commences à te servir de ta tête et c'est très bien, même si tu n'as pas toujours les arguments pour te faire comprendre. D'ailleurs, c'est peut-être ça qui t'énerve ? C'est pour ça que tu montes tout de suite sur tes grands chevaux ? Quelquefois, quand on se dispute tout le temps, c'est parce qu'on s'aime un peu trop, on n'arrive pas à penser différemment sans hurler. Pourtant, on peut aimer ses parents et penser par soi-même.

À toi de jouer ! (suite)

☺ Évite la dispute en mettant des formes à ton discours. Ta mère t'a offert un pull que tu trouves abominable ? Dis-lui gentiment : « Maman, je ne le trouve pas très beau, ce n'est pas trop le genre de pull que j'ai envie de porter. La prochaine fois, si on faisait les courses ensemble ? », et non : « C'est un pull ou un sac ? Pas question que je me mette ça sur le dos ! »

☺ Réfléchis avant de parler, affine tes arguments pour convaincre tes parents. Tu peux prouver que tu existes sans les envoyer balader.

LA RÈGLE D'OR

Discuter, ne pas être d'accord, ce n'est pas se disputer...

Mes parents me prennent pour un bébé !

Alors là, il va falloir que tu t'y fasses, parce que même quand tu auras 40 ans ce sera encore comme ça !

Les parents sont ainsi faits qu'ils ont du mal à voir grandir leurs petits. Ils les ont portés, chouchoutés, ils leur ont appris à parler... Les tiens s'étaient habitués à te voir bébé et c'est souvent difficile pour eux de te voir changer. Bon, c'est énervant, c'est sûr, mais il ne faut pas que cela t'empêche de grandir. Alors, c'est à toi de faire le travail, la

balle est dans ton camp. Il faut que tu arrives à leur montrer que tu as évolué, maintenant. Comment ? En n'ayant pas de réactions de bébé, justement. Les parents, ça s'éduque, il faut leur faire comprendre que tu ne resteras pas toujours leur petit roudoudou. Au fait, c'est quoi ce petit nom ridicule ?

À toi de jouer !

☺ Tes parents continuent à t'appeler « mon lapinou » ? C'est normal que tu te sentes diminué... par un diminutif ! Insiste calmement mais fermement pour qu'ils utilisent ton prénom. Si tu les reprends à chaque fois, ils vont finir par y arriver.

À toi de jouer ! (suite)

- Demande à ta mère : « Dis, ça ne t'agaçait pas quand mamie te prenait pour un bébé ? » Là, tu marques un point, tu vas la faire sourire. C'est toujours bon pour toi quand les parents se replongent dans leurs souvenirs d'enfance…

- Essaie de te montrer responsable : fais tes devoirs, lave-toi les dents, range ta chambre, sans qu'ils aient besoin de te le répéter dix fois.

- Évite les caprices idiots qui sapent tout le travail que tu es en train de faire. Le jour où tes parents vont se dire : « Mince, ce n'est plus un bébé », tu auras gagné !

LA RÈGLE D'OR

C'est à toi d'aider tes parents à comprendre que tu as grandi…

Je vois bien que je déçois mes parents...

Alors là, on comprend que tu aies de la peine car c'est très difficile d'avoir ce sentiment-là.

Est-ce que tu en es vraiment sûr ? Les parents n'ont pas toujours les mots justes. Tu rentres avec un 15, et ton père dit juste : « C'est pas mal ». Mais pour lui, ça équivaut à applaudir des deux mains ! Il ne peut pas faire mieux, sans doute... Au fond, honnêtement, es-tu sûr encore que tu n'imagines pas chez tes parents une attente qui n'existe pas vraiment ? Est-ce que tu les déçois ou est-ce que tu te sens décevant ? Parfois, tu places la barre

trop haut, tu souhaites toujours être le meilleur. Tu voudrais peut-être faire plaisir à tes parents 24 heures sur 24 ? Dans ce cas, tu ferais mieux d'abandonner cette idée... On n'est jamais l'enfant parfait dont les parents ont rêvé. D'abord parce que personne n'est parfait, et c'est tant mieux, pas plus toi que tes parents, qui ne sont pas non plus ceux dont tu rêvais. Et puis, est-ce que tu n'en rajoutes pas un peu ? C'est important que tu te poses la question, parce que répéter sans arrêt qu'on est nul, c'est aussi une façon de ne rien faire, de baisser les bras, genre « de toute façon, ce n'est même pas la peine d'essayer, je n'y arriverai jamais ». Dans la vie, c'est important de se bagarrer pour devenir qui on est vraiment au fond de soi.

À toi de jouer !

☺ Il y a sûrement des moments où tes parents sont fiers de toi, ouvre les oreilles dans ces moments-là aussi ! Demande-leur même de te donner quelques exemples...

À toi de jouer ! (suite)

☺ Attention, si vraiment tes parents te dévalorisent en permanence, qu'ils ne trouvent jamais un compliment à te faire, il faut en parler autour de toi à quelqu'un en qui tu as confiance : un oncle, ton pédiatre, la maîtresse. Eux sauront te dire en quoi tu es unique et pourront aider tes parents à te regarder autrement. Appelle au secours, car cela rend trop malheureux de n'être jamais reconnu ni valorisé.

LA RÈGLE D'OR

Ne te laisse jamais dévaloriser, ni par toi ni par les autres.

Ma mère entre dans ma chambre sans frapper !

Voilà une affaire qui nécessite une petite discussion entre vous deux.

Première question : est-ce que toi tu entres dans la sienne sans frapper ? Les parents ont besoin d'être éduqués et il faut parfois leur donner le bon exemple. Pourtant, tu as raison, c'est important d'avoir un monde à soi. Même entre parents et enfants, même quand on s'aime beaucoup, on a le droit d'avoir son espace privé, que chacun doit respecter.

À toi de jouer !

☺ Explique gentiment ton point de vue : « Tu vois, maman, je suis bien dans ma chambre et j'aimerais que vous fassiez comme entre adultes, c'est-à-dire que tu frappes avant d'entrer et que tu attendes que j'aie dit oui. »

☺ Fais le ménage dans ta chambre, cela évitera à tes parents d'y entrer pour ranger et soulever au passage tes affaires personnelles...

LA RÈGLE D'OR

Respecte l'espace des autres pour qu'ils respectent le tien.

Ma mère a lu mon journal intime !

Écrire un journal, c'est prendre le risque qu'il soit lu.

Faisons le point. L'as-tu laissé traîner sur la table ? Avoue que c'est aussi tentant que de voir une boîte de chocolat ouverte, avec écrit dessus « Défense de manger ! » C'est scandaleux, certes, parce que les chocolats ne nous appartiennent pas, mais on a des circonstances atténuantes. Pour ta mère, c'est un vrai supplice de voir ce cahier rempli de secrets sur son enfant, elle est

curieuse de savoir ce que tu penses. Eh oui, tu connais les parents, ils s'imaginent toujours qu'on leur cache des tas de choses, il faut donc les rassurer, sans forcément tout leur dire. Si tes parents lisent en cachette ton journal, c'est parce qu'ils pensent qu'entre parents et enfant, il ne doit pas y avoir de secret, que ce n'est pas bien grave. Eh bien là, ils ont tort. Tu n'es pas transparent, heureusement, tu as le droit d'avoir ton jardin secret, le journal intime en fait partie.

À toi de jouer !

- Tu veux être tranquille pour un bon moment ? Laisse ton journal ouvert à la page où tu auras soigneusement écrit en gros : « ma mère est formidable » !

- Plus sérieusement, tu peux aussi t'en servir pour laisser un message, quelque chose que tu n'arrives pas à dire directement à tes parents.

À toi de jouer ! (suite)

- Si tu ne veux vraiment pas que ta mère y jette un œil en passant, ne le lui laisse pas sous le nez, cache-le dans tes affaires. Il y a une différence entre tomber par hasard sur un journal et aller le chercher sous une pile de pulls…

- Tu t'es rendu compte que tes parents avaient fouillé dans ta chambre durant ton absence ? N'hésite pas à en parler avec eux pour dire haut et fort que tu n'es pas d'accord.

- Et toi, est-ce que tu fouilles dans les affaires de tes parents ? Si c'est le cas, tu leur donnes le mauvais exemple.

LA RÈGLE D'OR

Ose râler quand ça vaut vraiment le coup.

Je ne supporte plus qu'on entre dans la salle de bains quand j'y suis...

Tu as raison, et il faut le répéter, jusqu'à ce que tu sois entendu !

Ce sentiment que tu ressens s'appelle de la pudeur et c'est important d'en avoir. Il faut que tu la cultives et que tu la fasses respecter. Tu es à un âge où ton corps change et il est normal que tu ne veuilles pas que tout le monde le voie, même tes parents que tu aimes beaucoup. Ils doivent comprendre que tu as le droit d'avoir ton

intimité et de te laver toi-même, tu es assez grand pour cela. Souviens-toi qu'ils ont toujours du mal à te voir grandir. Ils t'ont donné le bain quand tu étais petit, ils ne comprennent pas pourquoi tu fais tant d'histoires. Toi, tu comprends, et tu as raison.

À toi de jouer !

- Sois diplomate : tes parents aimaient-ils qu'on entre dans la salle de bains à ton âge ? Il faut parfois leur rafraîchir la mémoire, ils ont tendance à oublier comment fonctionne un enfant.

- Ne cède pas à l'argument qui consiste à te dire que ta mère n'est pas une étrangère, que tes frères et sœurs en ont vu d'autres.

À toi de jouer ! (suite)

- Peut-être tes parents ont-ils peur que tu ne te laves pas ? Ne leur donne pas raison, lave-toi tous les jours, tu supprimeras cet argument.

- Ton corps est à toi. Personne n'a le droit de te voir nu si tu n'en as pas envie, en dehors du médecin qui t'examine quand tu es malade, bien sûr.

LA RÈGLE D'OR

Sur le sujet de la pudeur, reste ferme, tu as raison !

Ma mère a trahi un de mes secrets !

Attention, il y a peut-être un malentendu ! Tes parents ne se sont peut-être pas rendu compte que tu leur avais confié un secret.

Pour toi, c'est important, pour eux, c'est insignifiant. Si, en plus, ils peuvent faire rire leurs amis avec ton histoire, danger ! Tu veux que tes parents gardent un secret ? Dis-le-leur clairement. C'est quand même rare qu'un parent trahisse, quand on lui a demandé expressément de ne pas le faire. Cela dit, il faut peut-être que

tu connaisses mieux tes parents et, pour cela, observe-les. Certains sont incapables de garder un secret, c'est au-delà de leurs forces. Ils vont te le promettre, et à la première occasion ils vont tout raconter. Si un de tes parents est incapable de tenir sa langue, évite de lui confier tes secrets. Sinon, tu vas lui demander une mission impossible, aussi difficile que de demander à un kangourou de voler !

À toi de jouer !

☺ Il y a des secrets que tu ne peux pas exiger, comme de demander à ta mère de dissimuler ton carnet de notes abominable : qu'est-ce que ça va donner si tu redoubles en fin d'année ? Mieux vaut réagir à temps, te faire aider si tu n'y arrives pas. Si tu n'as rien fait du trimestre, tu as bien mérité une petite engueulade, non ? C'est préférable que de passer aux yeux de ton père ou de ta mère pour un dissimulateur.

À toi de jouer ! (suite)

C'est important d'avoir des secrets, mais quelquefois on a envie de les partager. Trouve dans ta famille un spécialiste du secret : une marraine, une tante, un grand-père, un cousin, il y en a dans toutes les familles ! À toi de trouver dans ton entourage la personne à qui tu peux te confier en toute tranquillité.

Attention, certains secrets sont trop lourds à garder, une agression, par exemple, ou un acte grave commis par quelqu'un. Les adultes qui t'entourent ont le devoir de te protéger : s'il t'arrive des événements graves, ils ne pourront pas les cacher à tes parents. Il y a les secrets qui font vivre et ceux qui empoisonnent la vie.

LA RÈGLE D'OR

Quand tu confies un secret, annonce tout de suite : « Attention, secret à garder ! »

On n'arrête pas de se disputer avec mon grand frère ou ma grande sœur…

Sans doute es-tu un peu jaloux de lui…

Explique à tes parents qu'on a aussi le droit d'envier l'aîné, car ils croient souvent que c'est lui qui est jaloux des avantages du plus jeune. Eh bien non, ce n'est pas facile non plus d'être le « petit » ; on voit les aînés qui ont le droit de faire plein de choses qui nous sont interdites, et dès qu'on essaie de les rattraper, trop tard, ils

sont déjà plus loin. Alors, difficile de ne pas se disputer ! Avec ça, il arrive souvent que ton frère soit sur ton chemin au mauvais moment, te pique ton disque préféré, entre dans ta chambre comme dans un moulin, et c'est donc normal que tu râles.

À toi de jouer !

☺ Au lieu de vous battre en permanence, pourquoi n'essayez-vous pas de faire bloc face aux adultes ? Ce n'est déjà pas facile d'élever ses parents, autant vous tenir les coudes.

☺ Et si tu essayais de prendre en compte les avantages d'avoir ce frère ou cette sœur plutôt que de le voir uniquement comme un rival ? Allez, sois honnête, reconnais qu'il y a aussi de bons moments, des fous rires le soir dans la chambre...

À toi de jouer ! (suite)

☺ Est-ce que vous vous disputez même à l'extérieur de la maison au lieu de vous soutenir ? Attention, si tu souffres trop, parles-en. Des disputes sans arrêt, ce n'est pas normal.
Ne te laisse jamais taper, ridiculiser, ni rendre malheureux.
N'oublie pas qu'on te respectera si tu respectes toi-même les autres...

LA RÈGLE D'OR

Les petites disputes sont normales, dans toutes les familles du monde !

Ma grande sœur m'énerve, elle veut tout diriger !

Eh oui, les grands sont comme ça, ils veulent toujours tout régenter.

Bon, il faut la comprendre, aussi, cela n'a pas toujours été facile pour elle. Quand tu es né, elle t'a vu débarquer sur son terrain, les parents ne s'occupaient plus que de toi, ou en tout cas c'est l'impression qu'elle avait. Elle a même pu un moment penser qu'on allait la ramener à la fabrique des bébés, maintenant qu'ils en

avaient un tout neuf ! Donc, ce n'est pas vraiment à toi qu'elle en veut : n'importe qui d'autre, venu sur ses plates-bandes, aurait connu le même sort ! Cela ne l'a pas empêchée d'ailleurs par la suite de t'aimer beaucoup, mais elle a gardé une petite épine dans son cœur... De plus, les parents en rajoutent un peu sur les responsabilités, on lui dit tout le temps : « Sois raisonnable, tu es la plus grande », « Surveille un peu le petit ». Du coup, elle pense que c'est elle le chef et se prend parfois trop au sérieux. Elle pense surtout que tu es là pour lui obéir : « Va me chercher mon pull dans la chambre », « Débarrasse, c'est pas mon tour », alors que tu le fais depuis le début de la semaine... Bref, elle veut faire la loi ! Et puis, elle doit être adolescente, une période de la vie où on se cherche : elle a ses bons jours où elle est sûre d'elle, et ses mauvais, où elle doute et se trouve nulle. Et ces jours-là, c'est sur toi que ça retombe ! Quand tout va bien, on n'a pas besoin d'embêter les autres... Te dire que tu es petit, c'est s'assurer qu'elle est grande, elle. Et, tu le sais bien, plus on hurle qu'on est le plus fort, moins on pense qu'on l'est au fond de soi. Alors, pour s'affirmer, elle n'arrête pas de te rabaisser, de te traiter de microbe... Elle veut te faire passer pour un nul mais ce n'est pas forcément ce qu'elle pense. Cela dit, on est d'accord avec toi, c'est très pénible !

À toi de jouer !

Pas question de te laisser rabaisser en permanence ! Parles-en à tes parents. On te prévient, neuf fois sur dix, ils vont t'envoyer balader avec un « C'est pas bien grave », « Tu sais bien que ta sœur est comme ça en ce moment ». Tu connais les parents, ils n'aiment pas beaucoup les problèmes ! Ils rêvent d'une maison où règne le calme. Surtout s'ils ont eu des ennuis au bureau dans la journée, ou s'ils ont reçu les impôts !

À toi de jouer ! (suite)

Choisis donc un moment de tranquillité pour revenir doucement à la charge. Commence par un « J'aime beaucoup ma sœur, mais ». Et là tu enchaînes avec tes motifs d'agacement : « Elle entre dans ma chambre sans demander, elle m'oblige à porter son sac »... On te laisse compléter avec tes soucis !

À toi de jouer ! (suite)

Choisis de parler à celui de tes parents qui n'est pas l'aîné dans sa famille, il verra tout de suite de quoi tu veux parler… Attention, repère bien tes motifs d'énervement : quelquefois, une grande sœur, ça énerve rien que parce qu'elle est grande, qu'elle a des permissions que tu n'as pas mais que tu auras bientôt. À ton âge, elle ne les avait pas non plus. Patience, ton tour viendra. D'autant que, très souvent, ce sont les aînés qui doivent se battre les premiers avec les parents pour se maquiller, sortir le soir, avoir une mob… Tu vois, c'est drôlement utile aussi, une grande sœur, elle travaille pour toi sans le savoir !

LA RÈGLE D'OR

Entre enfants, vous n'avez pasà vous donner des ordres, c'est le rôle des parents et des adultes.

Ma petite sœur fait tout ce que je fais...

Cela veut dire : un, qu'elle a envie de grandir ; deux, qu'elle t'admire.

Tu ne vas pas te plaindre d'être pris comme modèle, c'est plutôt flatteur, non ? Bon, d'accord, c'est agaçant parfois. Tu fais de la danse, elle veut en faire, tu vas à la plage avec tes copains, elle veut venir, tu commandes un cadeau pour Noël, elle veut la même chose. Elle n'a qu'une envie, c'est d'essayer d'être à égalité avec toi. Mais elle n'a pas le même âge... et elle

devra patienter un peu. C'est à toi de faire preuve d'indulgence. Après tout, elle ne fait rien de méchant. Le seul problème, c'est quand elle veut vraiment te suivre partout et que tes parents l'y encouragent. « Allez, elle peut bien venir avec vous, pour une fois », te disent-ils d'un ton de reproche... Sauf que c'est la centième fois, au moins, tu as compté, et encore tu en oublies sûrement !

À toi de jouer !

☺ Là encore, fais appel aux souvenirs de tes parents. Ça leur plaisait, à eux, que leur petit frère ou leur petite sœur soit toujours pendu à leurs basques ? Non ? Eh bien c'est pareil pour toi...

LA RÈGLE D'OR

Patiente un peu. Les petits finissent toujours par avoir leurs propres activités et laissent ensuite tranquilles leurs aînés.

Je voudrais de l'argent de poche !

Tu as envie d'avoir un peu d'argent à toi, c'est normal, c'est la preuve que tu souhaites faire des projets, gérer une petite somme.

C'est une façon de devenir plus autonome, plus indépendant. Quelquefois, ces raisons échappent aux parents. Ils vont te dire que tu n'en as pas besoin, que l'on t'achète ce que tu veux. Explique-leur que tu ne veux pas avoir tout le temps à réclamer de l'argent, que tu veux commencer à apprendre à compter. Peut-être aussi

que tes parents ne savent pas très bien quelle somme te donner ? Heureusement, tu es là pour les informer. Lors de ton prochain goûter d'anniversaire, mets délicatement le sujet sur le tapis pendant que ta mère sert le jus d'orange. Les copains annonceront leur budget, cela donnera à tes parents une idée de la moyenne pratiquée par les autres.

À toi de jouer !

Propose-leur de commencer par te donner une petite somme pour que tu puisses apprendre à la gérer. Mais attention, sois diplomate : si tu commences par les traiter de radins, tu t'éloignes du but. Ils rechignent vraiment ? Donne l'exemple de la meilleure amie de ta mère, tu sais, celle qui fait tout bien et qui, elle, donne de l'argent de poche à son enfant qui a exactement le même âge que toi...

À toi de jouer ! (suite)

☺ Dans la discussion, opte plutôt pour la formule : « Je vais enfin pouvoir économiser » plutôt que : « Maintenant, je vais avoir des sous à dépenser. » Tu connais les parents, ils aiment être rassurés : mieux vaut que tu mettes en avant ton sens de l'épargne tout neuf plutôt que ton penchant à dépenser les sous… que tu n'as pas encore, nous te le rappelons ! C'est le moment de relire, mine de rien, *La Cigale et la Fourmi* en t'extasiant (pas trop quand même, ça paraîtrait louche) sur l'attitude de la fourmi.

☺ Tu as obtenu ce que tu voulais ? Maintenant, il va falloir montrer de quoi tu es capable. C'est un pacte que tu as passé avec tes parents. Apprends à bien gérer ton budget en ne dépensant pas tout d'un seul coup, sinon tu devras attendre le mois suivant pour t'offrir ton magazine préféré…

À toi de jouer ! (suite)

- Si tu veux arrondir tes fins de mois, pourquoi ne proposes-tu pas de faire des « extras » dans la maison ? On ne te parle pas de débarrasser la table ou de descendre la poubelle, gestes qui font partie de ta participation à la vie commune, mais tu peux laver la voiture, ranger le grenier, tondre la pelouse...

- Enfin, rappelle à tes parents que l'argent de poche n'est pas une récompense qu'on donne ou qu'on supprime au gré des bêtises ou des mauvaises notes. C'est pour t'apprendre à gérer ton budget, nuance...

LA RÈGLE D'OR

Ne gâche pas tout en demandant des sommes délirantes, tu es en train de leur prouver que tu deviens un être responsable !

C'est pas juste, on m'accuse et c'est pas moi !

Rien de pire que d'être victime d'une injustice !

On se sent nié, bafoué... Parfois, c'est parce qu'on a une étiquette qui nous colle à la peau : voleur, menteur, brise-tout... C'est très important de te défendre. Quand tu es sûr de toi, n'hésite pas à discuter, et même à te fâcher s'il le faut ! Attention, es-tu sûr d'être vraiment victime d'une injustice ? Si tu as tout le temps l'impression que l'on t'accuse, il faut peut-être y regarder d'un peu plus près. C'est important de se remettre en question, d'essayer de devenir ce que l'on a envie

d'être. Pour y arriver, il faut savoir se corriger, se dire : « Tiens, là, je me suis trompé. » Si tu passes ton temps à penser que tout est toujours de la faute des autres, tu ne te poses pas de questions sur toi. Et donc, tu ne progresses pas. Cette attitude risque de te nuire plus tard...

À toi de jouer !

- Pas question de te laisser accuser en restant dans ton coin sans rien dire ! Va voir tes parents et explique-leur haut et fort que ce n'est pas toi, et que cela te fait de la peine qu'on ne te croie pas.

- N'accepte jamais d'être puni à la place de quelqu'un d'autre, pour être gentil. Tu n'as pas à te sentir coupable de n'avoir rien fait !

LA RÈGLE D'OR

Ne laisse jamais dire de toi des choses que tu sais être fausses.

Mes parents ne veulent pas que j'organise une boum...

Ah, les parents, ce sont des inquiets, tu sais, ils ont peur de mal faire, peur de te laisser trop tôt des libertés.

Et puis, ils imaginent toujours le pire : que vous allez peut-être mettre le feu aux rideaux, étaler la mousse au chocolat sur la moquette neuve du salon... Ils sont vraiment pleins d'imagination ! Bon, comprends-les, ils ont un peu de mal à passer des anniversaires où ton papa faisait le clown, à l'idée d'une boum...

À toi de jouer !

- Eh bien, justement, si tu appelais ta petite réunion une fête, un goûter ou un anniversaire, au lieu de parler de boum ? Tu vas voir, ils vont tout de suite changer d'humeur...

À toi de jouer ! (suite)

- Ne te braque pas sur les horaires, ni sur le nombre d'invités. Propose-leur de rester là, tu calmeras leurs inquiétudes. De toutes les façons, tu auras sûrement besoin d'eux pour refaire un gâteau au chocolat au dernier moment... Et les parents sont toujours ravis d'être utiles devant les copains et les copines !

- Propose-leur de t'accompagner à la boum d'un copain. Ils pourront rencontrer des parents qui ont accepté d'en faire une chez eux. C'est ainsi fait, un parent, ça aime bien faire comme les autres, ça trouve ça rassurant...

À toi de jouer ! (suite)

- Sois autonome. Si tu organisais l'après-midi avec deux ou trois copains ou copines ? L'un se charge des boissons, l'autre des gâteaux, le troisième de la musique...

- Promets de tout ranger ensuite... et fais-le, si tu veux pouvoir en organiser une autre !

LA RÈGLE D'OR

Montre à tes parents que tu es devenu une personne responsable à qui ils peuvent faire confiance.

Marre du piano ! (ou du violon, du tennis, du judo...)

Quand tu étais petit, on t'a inscrit à une activité et cela te plaisait bien. Aujourd'hui, tu n'en vois plus que les contraintes.

Les heures de gammes, les entraînements le samedi, le club qui est à l'autre bout de la ville... Alors là, il faut faire un petit point. Tu sais bien que l'on n'obtient rien sans effort. Le plaisir de bien jouer du piano passe par l'apprentissage du solfège, la maîtrise du coup droit par des heures d'entraînement au mur... Pense à plus tard,

quand tu pourras monter un orchestre avec des copains ou organiser des tournois. D'ailleurs, si tes parents ne sont pas chauds pour que tu arrêtes, c'est parce qu'ils pensent que tu pourrais le regretter un jour. Tu leur en veux ? Tu as tort. Imagine des parents qui disent en permanence : tu veux arrêter la danse ? Pas de problème ! Tu ne veux plus skier ? Pas grave, mon chéri, ne skie plus... Tu finirais par te demander s'ils s'intéressent vraiment à toi.

À toi de jouer !

☺ **Réfléchis bien avant de prendre ta décision, car arrêter de faire quelque chose sous prétexte que cela demande un effort laisse toujours un amer petit goût d'échec. Si ton activité te plaît quand même, à toi de savoir ce qui te pénalisera le plus : arrêter ou te donner les moyens de progresser, avec toutes les contraintes qui vont avec.**

À toi de jouer ! (suite)

- Demande à ton professeur de t'apprendre à jouer des chansons que tu aimes, organise des parties avec des copains. Il faut parfois juste un petit coup de pouce pour que l'envie redémarre.

- Si tu décides tout de même d'arrêter, parce que tu es certain que ton activité ne t'apporte plus aucun plaisir, on te fait confiance pour arriver à convaincre tes parents. Après tout, il n'y a que l'école qui est obligatoire, tout le reste doit demeurer un plaisir.

LA RÈGLE D'OR

Il faut fournir un effort pour obtenir ce que l'on veut dans la vie. C'est dommage de se priver d'un plaisir par paresse.

Mes parents me prennent la tête avec les notes...

Comme nous te l'avons souvent dit, les parents sont de petites créatures fragiles.

Ils se font du souci, ce sont même des usines à fabriquer du souci ! Garde toujours cette idée en tête. Or, tu en as sûrement entendu parler autour de toi, c'est plus difficile aujourd'hui de gagner sa vie qu'autrefois. Au temps de tes grands-parents, si on voulait vraiment travailler, on trouvait toujours un emploi. Tes parents savent qu'aujourd'hui il y a du chômage et que trouver un travail est loin d'être simple. Ce n'est pas du baratin, quand ils te disent ça, ce n'est pas pour t'em-

bêter, c'est la réalité. Ils s'inquiètent à juste titre pour toi. Et comme ils veulent ton bien, ils font tout pour que tu sois armé pour la vie. On peut bien sûr toujours travailler sans avoir fait d'études, mais c'est beaucoup plus difficile qu'il y a cinquante ans. Ils savent aussi que pour choisir le métier qui te plaira il faut avoir un bon niveau. Plus tard, tu auras du plaisir à faire un métier intéressant. Les parents le savent bien, et ils te poussent parce qu'ils veulent que tu sois heureux. Plus tu auras de bonnes notes à l'école, plus tu auras le choix plus tard, même si tu ne sais pas encore ce que tu veux faire aujourd'hui. Ton rêve est de faire un métier qui ne demande pas d'études ? C'est quand même préférable de continuer, de ne pas te fermer les portes d'accès à d'autres métiers. À 20 ans, tu pourras toujours l'exercer, si tu n'as pas changé d'avis, mais tu auras le choix. Pense aux reproches que tu pourrais te faire plus tard, parce que tu as préféré ne pas faire d'efforts. Attention, certains parents font carrément des choix à ta place : ton père décide que tu dois faire médecine, comme lui, comme ton grand-père. Ou il veut absolument que tu fasses de longues études parce que lui n'en a pas fait. Ce qui est très désagréable, c'est qu'on ne te laisse pas avoir tes propres envies et tu as raison dans ce cas de ne pas te laisser faire. À condition, bien sûr, de ne pas choisir la voie de la facilité...

À toi de jouer !

- Débrouille-toi pour avoir des notes à peu près correctes, tu verras qu'ils arrêteront sans doute de te poursuivre avec ton carnet. Rassure tes parents, car un parent anxieux est très pénible à supporter.

- Ne gâche pas ton avenir en voulant résister aux demandes de tes parents. Il y a d'autres moyens...Si tu veux montrer que tu n'es pas d'accord, ne choisis pas de le faire sur un terrain où tu te nuirais à toi-même. Tu crois contrarier tes parents, mais au final c'est toi qui seras bien embêté quand tu ne pourras pas choisir un métier passionnant plus tard.

À toi de jouer ! (suite)

- Attention, si tes parents sont obsédés par tes résultats scolaires, ils ne voient plus rien d'autre chez toi que tes notes. Dans ce cas-là, tu as le sentiment que tu n'as de la valeur qu'en fonction de tes résultats scolaires. Ils ne voient plus tes qualités humaines, ta faculté à te faire des copains, ton formidable esprit de compétition au sport.

À toi de jouer ! (suite)

Dès que tu parles d'un projet, on te réplique que tu ferais mieux de ne pas avoir 6 en maths, il n'y a plus de dialogue possible. Si c'est ton cas, explique calmement à tes parents que plus ils te harcèlent, moins tu as envie de travailler. Ils ne t'écoutent pas ? Demande à quelqu'un en qui ils ont confiance de le leur dire. C'est trop dur de ne pas être reconnu pour d'autres qualités que son niveau à l'école.

Si tu mettais un peu tes parents de côté ? Ouvre les oreilles en classe, il y a de nombreuses matières passionnantes, et tu as le droit de t'y intéresser tout seul. On peut être très heureux de réussir ses études, n'y renonce pas par paresse...

LA RÈGLE D'OR

L'école, c'est ton affaire à toi. Ta réussite scolaire et professionnelle dépend aussi de tes efforts.

Je me demande comment mon père supporte ma mère… (ou l'inverse)

Tu as le droit d'avoir une opinion, cela veut dire que tu grandis.

Cela dit, ce qui plaît à ta mère et à ton père, tu n'en sais rien, et personne n'en sait rien. Ce qui convient aux autres est souvent un mystère, surtout quand on n'a pas le même âge. Tu trouves que ton père est trop autoritaire ? Peut-être que ta mère aime bien un homme qui sait où il va, qui prend les décisions, ça la rassure. Elle l'aime comme il est. Tu trouves ta mère fatigante ? Oui, mais ton père, il aime bien que sa femme parle tout le temps parce que lui, il préfère se taire… Ce qui

est bien dans cette histoire, c'est que cela te donne une bonne occasion d'affiner ton jugement et de savoir quel type de femme ou d'homme tu aimerais épouser plus tard. « Voilà une qualité de mon père que j'aimerais trouver dans mon futur mari, voilà un défaut que je ne supporterais pas. » Quelquefois aussi, les enfants estiment que leur père et leur mère méritaient mieux. Tu penses que ta mère aurait pu épouser le roi d'Angleterre ? Que ton père a assez de charme pour clouer au sol tes mannequins préférés ? En ce moment, tu es un peu dans le rêve, tout devrait être parfait, idéal. Or les parents sont réels, ils traversent des épreuves qui ne les rendent pas toujours fantastiques, ils ne sont pas toujours de bonne humeur. C'est normal, le couple idéal n'existe que dans les feuilletons télévisés où tout le monde est beau, gentil, riche et puissant. Dans la vie, c'est beaucoup plus compliqué que ça !

À toi de jouer !

Laisse tes parents tranquilles avec leurs histoires, s'ils se sont choisis, ils ont leurs raisons, même si elles t'échappent un peu...

À toi de jouer ! (suite)

☺ Évite, comme dans leurs disputes, de voler au secours de celui que tu crois être le plus faible ! Ils ne sont pas si malheureux, sinon ils auraient divorcé depuis longtemps.

☺ Chaque couple a son équilibre, qu'on ne comprend pas toujours de l'extérieur, mais qui ne regarde que lui...

LA RÈGLE D'OR

Accepte de ne pas tout comprendre aux histoires des adultes.

Je n'aime plus mon père, il fait pleurer ma mère...

C'est difficile de supporter que sa mère soit malheureuse.

On la voit comme quelqu'un de solide et soudain elle éclate en sanglots parce que son mari lui fait de la peine. On est touché, triste, et c'est normal. Mais ne penses-tu pas qu'il serait mieux d'en vouloir à ton père uniquement pour des choses qui te concernent toi ? Il peut être à un moment donné un mari désagréable, il n'est pas pour autant un mauvais père. Peut-être que tes parents traversent une crise en ce moment ?

Si ton père continue à t'emmener au cinéma et à s'occuper de toi, c'est ce qui compte. L'important pour toi, c'est ta relation avec lui. On ne sait jamais pourquoi un homme fait pleurer sa femme.

À toi de jouer !

- Tu peux dire ce que tu penses de lui comme père, mais comme mari, il n'y a que ta mère, sa femme, qui peut dire quelque chose. Elle seule sait si elle est malheureuse ou pas avec lui.

- Ne pense pas que tu peux arranger les choses entre eux, c'est bien trop compliqué et cela ne te regarde pas.

LA RÈGLE D'OR

Aime ton père pour ses qualités de père.

Ma mère pleure tout le temps en ce moment...

Tu dois être malheureux parce qu'il n'y a rien de plus difficile que de voir pleurer sa mère.

D'abord parce que tu l'aimes et qu'on a toujours envie de venir en aide à son parent quand on le voit triste. En plus, tu dois te sentir très démuni de ne pas comprendre pourquoi elle pleure et te désoler de ne pas pouvoir la consoler. Peut-être sais-tu que la vie de ta mère est difficile en ce moment, qu'un de ses parents est mort, ou que tes parents sont en train de divorcer, ou encore qu'elle a perdu son travail. Ce sera plus facile pour toi de comprendre ce qui se passe. Demande-lui pour-

quoi elle est si triste : si elle pense que tu peux le savoir, en fonction de ton âge, elle te le dira. Quand tu ne sais rien, tu as tendance à penser que c'est à cause de toi... Rassure-toi, les mères pleurent rarement à cause de leurs enfants, et ce n'est sûrement pas parce que tu as des mauvaises notes en maths qu'elle a du chagrin. D'ailleurs, dans ces cas-là, les mères ne pleurent pas, elles crient ! Si elle a perdu quelqu'un qu'elle aimait beaucoup, il lui faut le temps de se remettre de ce deuil. Dans la vie, il y a des moments de grands chagrins et tu ne peux pas, toi, tout régler. Cela fait toujours du bien de pleurer. Toi, ça te soulage ? Eh bien, les adultes aussi. Voudrais-tu d'une mère qui soit une statue de marbre, une mère-robot, que rien jamais ne toucherait ? Ce serait bien plus inquiétant...

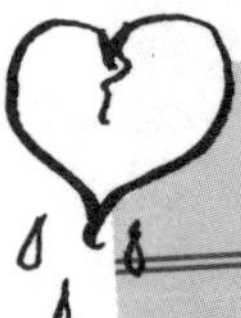

À toi de jouer !

☺ **Ne te crois pas obligé de faire le pitre pour détourner ta mère de son chagrin, ou de te mettre à ne plus rien faire à l'école... Tu vas t'épuiser à essayer de la distraire, sur un sujet sur lequel bien souvent tu n'as pas de prise. Sois plutôt sympa, ce n'est pas le moment d'en rajouter en mettant la panique à la maison.**

À toi de jouer ! (suite)

- Ce que tu peux faire de mieux pour elle, c'est de continuer à vivre ta vie à toi. Elle verra que son chagrin ne te fait pas trop de mal et ce sera un grand soulagement pour elle.

- Accepte que ta mère ne soit pas toute-puissante. Elle est peut-être plus fragile aujourd'hui, mais tu n'es pas en danger, elle te protège toujours. Elle a simplement besoin de sentir que tu es solide en ce moment…

LA RÈGLE D'OR

Pleurer permet de vider son chagrin. On se sent toujours mieux ensuite.

Mes parents n'arrêtent pas de se disputer...

Souvent, tes parents se disputent pour des raisons que tu ne comprends pas.

Ils travaillent beaucoup, ils n'ont pas toujours le temps de se parler et parfois ils finissent par ne plus bien se comprendre. Mais on peut se disputer parce qu'on n'est pas d'accord, cela n'empêche pas de s'aimer beaucoup quand même. C'est une bonne chose parfois de s'engueuler, cela permet de dire ce que l'on a sur le cœur. Toi-même, quand tu te disputes avec les copains, ensuite ça va mieux, et dans ces cas-

là, tu n'aimerais pas que quelqu'un intervienne. Eh bien, tes parents préfèrent aussi régler leurs problèmes entre adultes. Quand on est jeune, on ne comprend pas toujours ce qui se passe et on risque d'imaginer des choses qui ne correspondent pas à la situation. Ce n'est pas ton rôle d'intervenir, ils n'ont pas besoin de toi pour les aider. Si jamais il leur vient quand même l'idée, dans leur colère, de te demander ton avis, ou, pire encore, ton soutien, ce sera très bon pour toi de ne pas le faire, on te donne la permission de leur désobéir ! Dis gentiment : « Ce n'est pas mon problème. » Sur le coup, ils seront peut-être déçus, mais au fond ils seront surpris par ton autonomie et même, une fois calmés, très fiers de toi. Ne crains rien, quand on s'aime fort dans un couple, ce ne sont pas les disputes qui mènent au divorce. Quelquefois même, certains parents divorcent parce qu'ils ne se disputent plus, ils n'ont plus rien à discuter ensemble. Alors, tu vois...

À toi de jouer !

☺ Quand le ton monte, le mieux, c'est d'aller dans ta chambre en attendant que l'orage passe ! Continue à vivre ta vie et surtout ne t'en mêle pas, car neuf fois sur dix, cela risque de te retomber dessus.

☺ Ne te crois pas obligé de voler au secours de ton père ou de ta mère, tel un preux chevalier ou une courageuse princesse. Tes parents sont assez grands pour se débrouiller tout seuls.

LA RÈGLE D'OR

La vie des adultes est difficile à comprendre pour les enfants, comme les disputes des enfants pour les parents...

Mes parents divorcent...

Si tes parents se quittent, si l'un ou l'autre est parti vivre avec un autre homme ou une autre femme, c'est qu'il y avait déjà plein de choses qui n'allaient pas entre eux.

On se sépare rarement quand tout va bien ! Réfléchis : est-ce que tu aimerais que tes parents restent ensemble s'ils ne sont pas heureux ? Qu'ils renoncent à se quitter tout en étant tristes toute la journée – et au passage très désagréables avec leurs enfants – alors qu'ils ne sont plus heureux ensemble ? Dans certains cas, si on est sûr qu'on ne s'aime plus, il faut se quitter. C'est toujours un moment difficile pour tous, un constat d'échec, mais tes parents n'ont pas envie de tricher et préfèrent se séparer.

Ils choisissent d'aller vivre avec quelqu'un d'autre plutôt que de mentir et d'aller voir la personne qu'ils aiment en cachette. Il faut du courage pour se séparer, c'est une façon d'avoir du respect pour soi et pour l'autre. Attention, cela ne veut pas dire que tu ne pourras pas, toi, construire un couple ! Ce n'est pas parce que celui de tes parents n'a pas duré toute la vie qu'il en sera de même pour toi. Dans le divorce, le plus dur pour toi est peut-être de voir un de tes parents malheureux et déprimé. Ce parent va avoir besoin d'être aimé, parfois même, dans sa tristesse, il va te demander de prendre son parti. Et toi, c'est normal, tu as envie de le soutenir. Essaie de l'amener à parler avec des adultes, avec ses amis. Tu n'as pas à rejeter l'un de tes parents, même si ça remonte le moral de l'autre. Peut-être as-tu peur que tes parents se détachent de toi ? Rassure-toi. Contrairement au mariage, où chacun est uni par un lien qu'il a choisi, les enfants sont unis à leurs parents par ce qu'on appelle le lien de sang. On peut divorcer d'une femme, on ne divorce jamais de son fils ou de sa fille. Toute ta vie, ton père restera ton père, ta mère restera ta mère. C'est la même chose avec ton frère ou ta sœur : vous êtes liés par des liens indestructibles, contrairement à ceux du mariage. En revanche, on peut se séparer des copains, parce qu'on les a choisis, comme on choisit sa femme ou son mari.

À toi de jouer !

☺ Résigne-toi, tu n'es pas tout-puissant, tu ne peux pas tout arranger. On se dit qu'avec un peu d'effort on va arriver à faire revenir son père ou sa mère et on est très déçu car cela ne marche pas !

À toi de jouer ! (suite)

☺ Reste sur tes gardes : dans les familles, certaines grandes personnes sont parfois tentées de dire du mal d'un de tes parents. Surtout, ne les écoute pas ! Si ça t'arrive, prends ton courage à deux mains et dis haut et fort : « Je ne veux pas que l'on parle comme ça de mon père ou de ma mère. » Tu verras qu'ils cesseront très vite. C'est te faire respecter toi-même de demander que l'on respecte tes parents, parce que tu es constitué en partie de l'un, en partie de l'autre. Si tu dénigres l'un ou l'autre, tu vas finir par détester une partie de toi-même.

À toi de jouer ! (suite)

- ☺ Recherche les personnes de ta famille qui ont le recul nécessaire pour ne pas dire du mal de tes parents.
- ☺ Le parent qui est parti a souvent peur que sa fille ou son fils lui en veuille. Parfois, il est maladroit. N'hésite pas à faire les premiers pas.

À toi de jouer ! (suite)

- ☺ Ce n'est pas à toi de remplacer ton père ou ta mère. Les adultes ont besoin d'autres adultes pour leur tenir compagnie et les aider à passer ce cap difficile.
- ☺ Rapproche-toi des copains qui ont des parents divorcés : ils sont passés par là, ils te remonteront le moral, et surtout ils t'expliqueront que tout finit par s'arranger avec le temps.

À toi de jouer ! (suite)

☺ Il faut savoir que les lendemains de divorce sont durs, mais fais confiance à tes parents, ils vont s'en sortir. Tu n'as pas à avoir de jugement sur le divorce tant que cela ne concerne pas la façon dont tes parents se comportent avec toi.

LA RÈGLE D'OR

Ce n'est pas parce que tes parents ne s'aiment plus qu'ils ne t'aiment plus, toi.

Je veux aller vivre chez mon père !

En France, les divorces sont réglementés et soumis à des lois. C'est le juge qui décide chez qui tu vas aller vivre.

Ce n'est ni ton père, ni ta mère, ni toi qui prend la décision. Le juge choisit celle qu'il pense être la meilleure pour toi. Seulement voilà : cette décision peut ne pas te plaire, pour de bonnes ou de mauvaises raisons. Par exemple, tu veux aller chez ton père parce que ta mère est trop

sévère avec les devoirs et, franchement, ce n'est pas une bonne raison. D'abord parce que, une fois que tu vivras chez lui, ton père se mettra sûrement à exiger autant que ta mère ! Tu peux aussi vouloir aller chez ton père parce que ta mère vit avec un nouveau compagnon qui ne te plaît pas. Nous te conseillons de lire « Je déteste ma belle-mère (ou mon beau-père) ». Tu peux aussi vouloir « punir » l'un de tes parents sur un coup de colère en décrétant vouloir vivre chez le parent qui te paraît le plus sympa en ce moment. Pas très responsable, tu ne trouves pas ? Tu sais bien qu'une fois chez ton père, tu as toutes les chances de te faire gronder autant. À ce moment-là, vas-tu demander à retourner chez ta mère ? Tu risques de faire pas mal d'aller-retour ! Tu veux peut-être aussi vivre avec ton père parce que tu le trouves bien malheureux tout seul... Alors là, on t'arrête encore, tu n'es pas sa roue de secours, tu as ta vie à toi, il est grand, fais-lui confiance pour remonter la pente sans ton aide. Mais peut-être veux-tu vivre chez ton père parce qu'il te manque beaucoup ? Voilà enfin une bonne raison ! Car, comme on a besoin de deux jambes pour marcher, on a besoin d'un père et d'une mère pour grandir. Quelquefois aussi, quand on est un garçon, on peut avoir encore plus besoin de son père, pour devenir un homme à son tour.

À toi de jouer !

☺ Quand les remous du divorce se seront un peu calmés, dis à ta mère que ton père te manque et que tu aimerais le voir plus souvent, il n'y a pas de raison pour qu'elle s'y oppose, sauf bien sûr s'il vit très loin.

À toi de jouer ! (suite)

☺ Ta mère est très fâchée contre ton père ? À toi de lui faire comprendre que tu n'as pas les mêmes raisons qu'elle de lui en vouloir.

☺ Sache que, quand tu auras treize ans, tu pourras demander à rencontrer le juge et tu pourras lui expliquer pourquoi tu souhaites aller vivre avec ton autre parent. Il pourra alors revoir la décision qu'il avait prise au moment du divorce.

LA RÈGLE D'OR

Une décision se discute, se prend dans le calme et non sur un coup de tête, après une dispute.

Je déteste ma belle-mère... (ou mon beau-père)

Rassure-toi, c'est un peu inévitable au début...

Observons de plus près ta situation : soit un de tes parents a divorcé pour vivre avec cette personne et tu penses qu'elle t'a volé ton parent. Erreur : si on se sépare, c'est qu'on n'était déjà pas très bien, reporte-toi à « Mes parents divorcent ». Soit il débarque dans ta vie après coup alors que tu t'étais habitué, non sans mal, à avoir ton parent pour toi tout seul : eh hop ! un petit tour

dans le lit de ton parent quand tu as fait un cauchemar, et hop ! un petit restau en tête-à-tête quand il n'y avait plus rien à manger dans le frigo. Alors, que vient faire cet intrus dans votre petite vie bien réglée ? Désagréable, on te l'accorde. Tu lui trouves tous les défauts du monde alors que ton père ou ta mère lui trouve toutes les qualités (enfin, chacun pour son nouvel amoureux, bien sûr...).
Maintenant, examinons de plus près « l'intrus(e) », cet être étrange qu'il faut essayer de comprendre.
Premier cas de figure : ton beau-parent veut faire ami-ami. Il fait tout pour se faire accepter, il a peur de déranger, du moins au début. Comme il veut plaire à ton parent, il met les bouchées doubles, jusqu'à avoir l'air parfois un poil hypocrite, mais bon, ne chipotons pas... car le deuxième cas de figure est nettement plus délicat !
Deuxième cas de figure : le beau-parent arrive pour tout régenter, il trouve que la maison est sens dessus-dessous, et heureusement qu'il est là pour remettre un peu d'ordre. D'ailleurs, il trouve que tu as pris de mauvaises habitudes, en tête-à-tête avec ton parent. Aïe, on ne te cache pas que c'est le cas le plus difficile... Essaie d'en parler avec ta mère ou ton père, qu'elle ou il lui explique que ce n'est pas du tout la bonne

méthode à adopter avec toi. Ce n'est ni ton père ni ta mère, c'est la personne que l'un ou l'autre a choisi pour vivre en couple, nuance. Cela dit, la présence de ton beau-père ou de ta belle-mère dans la maison, il faut que tu t'y adaptes. C'est difficile de voir quelqu'un faire les mêmes gestes que ton père ou ta mère, dans un lieu où vous avez peut-être vécu tous ensemble avant le divorce... C'est vrai, mais cette situation, tu n'as pas le pouvoir de la changer, même en étant extrêmement désagréable. Si c'est ce que tu crois, enlève-toi tout de suite cette idée de la tête parce que cela ne marche jamais. Autant prendre du recul et essayer de bien s'entendre. On ne te demande pas de l'aimer, tu n'y es pas obligé, mais tu peux faire ton possible pour t'entendre mieux. Il pourra même devenir un ami et, à ton âge, on n'a pas tous les jours l'occasion de compter des adultes parmi ses copains. Profite de cette chance ! Ne pense pas que tu trahis ton père ou ta mère en t'entendant bien avec ton beau-parent, cela ne leur retire rien ! Pourquoi penses-tu que, parce que c'est la nouvelle femme de papa ou le nouvel homme de maman, il ne peut rien t'apporter ?

À toi de jouer !

☺ Entre nous, sois franc, qu'est-ce que tu lui reproches au juste ? Ne crois pas qu'il arrive totalement détendu dans la maison. Même quand il se donne pour mission de redresser la barre, il a envie de te plaire, de plaire à ton père, à ta mère, car en général, les parents n'aiment pas vivre avec des personnes qui détestent leurs enfants. Laisse-lui une chance !

À toi de jouer ! (suite)

☺ Profite de ce moment de grâce au lieu de tout gâcher en faisant la tête à chaque fois qu'il ou elle essaie d'être sympa. Pourquoi ? Premièrement, parce que c'est plus agréable à vivre et on te rappelle le titre de ce livre : *Comment survivre en famille* dans les meilleures conditions. Deuxièmement, parce que si tu continues à être désagréable, il ou elle va te prendre en grippe, ça va faire des histoires perpétuelles avec ton parent, bref, tu te prépares un sérieux sac d'embrouilles !

À toi de jouer ! (suite)

N'as-tu pas remarqué que, depuis que ton père (ou ta mère) l'a rencontré(e), il (ou elle) est plus souriant(e), plus détendu(e) ? Après tout, s'il rend ton parent heureux, c'est un bon point pour lui, tu ne trouves pas ? Il est normal que ton père ou ta mère reforment un couple. Et souviens-toi que lorsque les parents vont bien ils te laissent en paix, et cela te laisse le loisir de vivre ta vie tranquille. En revanche, quand un parent est triste, on se sent parfois obligé de le consoler. Au lieu d'embêter ton beau-parent, chouchoute-le, ne le fais pas fuir ! Il te rend un sacré service en s'occupant de ton père ou de ta mère.

LA RÈGLE D'OR

Chaque nouvelle personne que l'on rencontre est une occasion de penser différemment et de s'enrichir. Pourquoi pas le nouveau mari de ta mère ou la nouvelle femme de ton père ?

J'ai peur que mon père préfère les enfants de ma belle-mère...

Ce qui est difficile à supporter pour toi, c'est que ton père soit gentil avec les enfants de sa nouvelle compagne.

Exactement comme le nouveau compagnon de ta mère essaie d'être gentil avec toi... Chacun a envie que tout se passe au mieux dans son nouveau foyer et ça t'agace. Normal. D'autant que les enfants qui vivent avec ton père ont un avantage que tu n'as pas et que tu as du mal à leur pardonner : ils profitent de lui toute la semaine alors que tu ne le vois que le week-end, tu as de quoi être énervé... As-tu d'ailleurs remarqué que tu es moins jaloux des enfants de ton beau-père que de

ceux de ta belle-mère ? Mais dis-toi bien que la priorité de ton père, c'est la femme qu'il aime, pas ses enfants à elle. Tu le trouves plus sympa avec eux ? Eh bien justement, c'est parce qu'il n'est pas en charge de leur éducation. Avec toi, il est exigeant parce que tu es son enfant. Il aide sa nouvelle femme à élever les siens, mais il n'est pas leur père. Ces enfants-là n'ont pas la même place que toi, qui es son enfant à lui.

À toi de jouer !

- Insiste pour avoir une place à toi dans la maison de ton père, même juste un coin avec une étagère : il faut que tu te sentes chez toi quand tu y viens.
- Comme les beaux-parents, ces enfants peuvent devenir des copains, si tu y mets un peu du tien.

LA RÈGLE D'OR

Les parents sont toujours plus exigeants avec leurs propres enfants.

Ma mère se remarie !

Tant mieux pour elle, tant mieux pour toi !

C'est l'équilibre des adultes de vivre avec un autre adulte qu'ils aiment. Avantage numéro un : elle va être heureuse, et une mère heureuse et détendue, c'est toujours plus agréable pour tout le monde. Souviens-toi après le divorce, quand elle était toujours de mauvaise humeur, prête à t'engueuler, ou au contraire toujours triste, prête à pleurer.

Avantage numéro deux : elle va moins s'inquiéter pour toi : rien de plus crampon qu'une mère seule, tu le sais bien. Tu vas enfin pouvoir respirer…

À toi de jouer !

☺ Sors, vis ta vie avec tes copains, tu n'as plus à t'en faire en te disant que tu laisses ta mère à la maison. Profites-en !

LA RÈGLE D'OR

Un parent heureux est toujours plus facile à élever !

Mon père est au chômage...

C'est un moment très dur pour ton père, qui se sent diminué, malheureux.

Sache que le fait qu'il soit au chômage n'atteint en rien sa valeur, même s'il a tendance à penser le contraire en ce moment. Tu n'as aucune raison d'avoir honte de lui. Ta maman aussi s'inquiète pour l'avenir, elle est nerveuse, bref l'ambiance à la maison est plutôt tendue. Quelquefois même, cela déclenche des disputes entre eux. C'est cet événement du chômage qui vient perturber la vie de famille.

À toi de jouer !

- Sois un peu plus sympa que d'habitude. Les parents, il faut les bichonner, parfois. Quand tu as des ennuis, que tu rates un contrôle, ça te fait du bien qu'ils te remontent le moral, qu'ils te disent que tu réussiras le prochain.

- Glisse de temps en temps à ton père : « Papa, j'ai confiance en toi, tu vas bientôt retrouver du travail. » Ça va lui faire chaud au cœur !

LA RÈGLE D'OR

En famille, on se tient les coudes en cas de coup dur.

Ma mère est malade

Jusqu'à présent, c'était elle qui venait te voir quand tu avais de la fièvre, qui s'occupait de toi quand tu étais bébé, elle était toujours là, disponible.

Tout à coup, cette maman ne peut plus remplir ce rôle et tu te demandes comment tu vas faire. Maintenant, écoute-nous : tu es assez grand pour te débrouiller tout seul. Ta maman est malade, toute la famille va se mobiliser, on va tout faire pour la soigner. Et surtout, ne te sens pas cou-

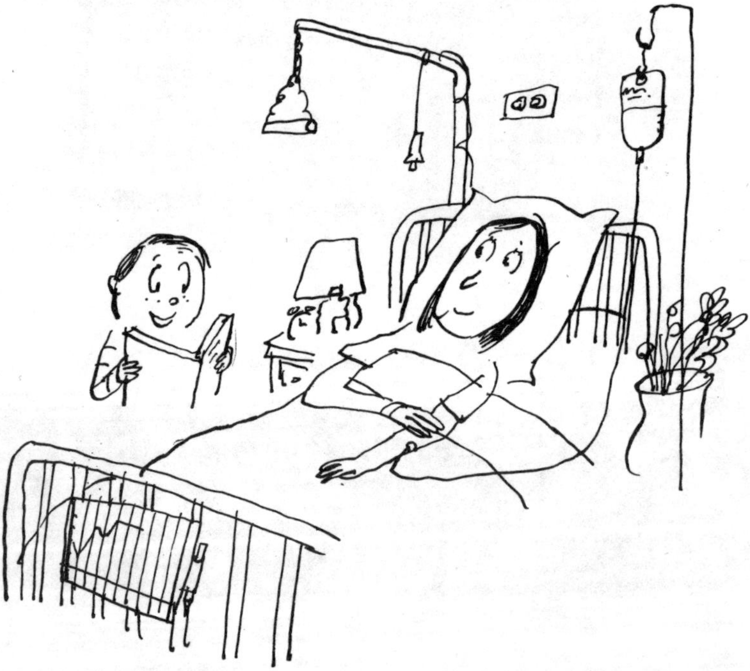

pable d'aller jouer chez tes copains, car c'est lourd l'ambiance d'une maison où vit quelqu'un de malade. Tu rentreras en forme, avec plein de choses à raconter à ta mère, tu mettras de la gaieté dans la maison et cela lui fera un bien fou de te voir heureux. Souviens-toi que les malades n'ont pas besoin de personnes tristes autour d'eux, mais de personnes joyeuses. C'est ce qui leur donne le moral pour se battre contre la maladie et guérir. La dernière chose que ta mère voudrait, c'est que sa maladie te rende malade toi aussi. Tu as une responsabilité vis-à-vis d'elle, c'est d'aller bien, de mener ta vie à toi.

À toi de jouer !

☺ Si tu t'inquiètes beaucoup, il faut pouvoir en parler avec ton père. Il est trop triste ? Trouve des personnes de ta famille, tes oncles ou tes tantes, tes grands-parents, des amies de ta mère, à qui tu peux confier ta peine.

À toi de jouer ! (suite)

☺ Pose des questions, c'est important que tu saches ce qui se passe. Si on ne te dit rien, demande des explications au médecin qui vient voir ta mère pour la soigner, car on s'inquiète toujours beaucoup plus quand on ne sait pas ce qui se passe.

LA RÈGLE D'OR

Ne te laisse pas mettre à l'écart des problèmes graves de la famillequi te concernent directement.

Un de mes grands-parents est mort

On a toujours tendance à penser que les gens que l'on aime sont immortels, et c'est un choc de se rendre compte qu'on peut les perdre.

On réalise aussi, chaque fois que quelqu'un meurt autour de nous, que nous allons tous mourir un jour. Il faut du temps pour se consoler de la perte d'un proche. Mais dans quelques mois, tu vas voir, tu te souviendras de lui sans tristesse, tu repenseras aux bonnes choses que tu as par-

tagées avec lui. Ce grand-père, cette grand-mère, tant que tu penseras à eux, ils resteront vivants, tu les portes en toi dans certaines choses que tu fais, chaque fois que tu utilises une de leurs expressions, ou quand tu fais la sublime tarte aux cerises de ta mamie. Tu transmettras toi-même à tes enfants tout ce qu'ils t'ont appris, les histoires qu'ils t'ont racontées... La vie, c'est cette transmission qui passe de génération en génération. Cette épreuve va te faire mûrir, et c'est exactement ce qu'auraient souhaité tes grands-parents : que tu grandisses après eux, parce que la vie continue...

À toi de jouer !

☺ **Demande à tes parents de ne pas t'exclure des funérailles, car cela fait du bien de pleurer tous ensemble. Tu es assez grand pour y aller.**

À toi de jouer ! (suite)

☺ C'est dur aussi pour toi de voir pleurer un de tes parents parce qu'il a perdu sa mère ou son père. C'est important que tout le monde se soutienne dans les moments de tristesse, mais ne pense pas que tu vas pouvoir remplacer la mère de ta mère ou de ton père, ni que tu dois les consoler. Ce n'est pas ton rôle, tu as bien assez de ton propre chagrin à surmonter.

LA RÈGLE D'OR

Tu fais un immense pas en avant en comprenant que la mort fait partie de la vie.

Je me suis pris une gifle !

Bon, bien sûr, ton parent aurait sans doute mieux fait de ne pas te taper.

As-tu une idée de ce qui l'a mis autant en colère ? Faisons le point : est-ce qu'il a des soucis en ce moment ? Est-il énervé parce qu'il n'a pas de travail ou qu'il a des contrariétés ? Dans ce cas, ne le cherche pas, ce n'est pas un parent habitué à taper, c'est un parent énervé. Si tu vois qu'en ce moment, il a tendance à se mettre en rogne pour un oui, pour un non, fais profil bas en attendant qu'il aille mieux. Tu verras que, si tu ne les cherches pas, tu éviteras quelques baffes. Dis-toi

bien que les parents sont toujours malheureux quand ils se laissent aller à taper leurs enfants. Parles-en autour de toi, à un autre parent, à tes grands-parents : il faut que quelqu'un l'aide à retrouver son sang-froid.

À toi de jouer !

☺ Peut-être essaies-tu d'attirer l'attention en faisant des bêtises ? Tu aimerais demander quelque chose, mais tu n'arrives pas à le faire. Et tu as l'impression quand ton parent te tape, même si ce n'est pas très agréable, que tu existes, qu'au moins il s'intéresse à toi. Ce n'est vraiment pas la bonne méthode : parle-lui, lance-toi, n'aie pas peur de lui demander de s'occuper de toi : « On va au cinéma ? », « Viens voir mes devoirs »...

À toi de jouer ! (suite)

☺ Sollicite-le. Les parents sont parfois tellement pris par leurs soucis ou leur travail qu'ils ne se rendent pas toujours compte que leurs enfants ont besoin d'eux. À toi de le leur rappeler gentiment, pas en cherchant les disputes…

À toi de jouer ! (suite)

☺ Si tu es constamment battu, lis la page suivante…

LA RÈGLE D'OR

Les moyens d'attirer l'attention sur toi ne doivent pas te nuire.

Mes parent me tapent tout le temps...

Les parents ne doivent pas battre les enfants.

Ils ont le droit et le devoir de t'interdire des choses, mais pas celui de te frapper pour un oui, pour un non. Sinon, c'est ce qu'on appelle de la maltraitance. Attention, on ne te parle pas de la seule et unique fessée que tu as prise dans ta vie parce que tu avais traversé hors des clous (voir « Je me suis pris une gifle ») ! C'est une chose de

prendre un coup de pied aux fesses exceptionnellement, c'en est une autre d'être battu en permanence. Ce n'est pas une façon d'éduquer que de taper en permanence un enfant. Et c'est interdit par la loi.

À toi de jouer !

- Il faut absolument que tu parles à un adulte de confiance autour de toi pour que cela s'arrête.

- On ne t'écoute pas ? Tu ne connais personne à qui te confier ? Il existe un numéro de téléphone gratuit (le 119) où tu pourras parler avec des adultes qui te viendront en aide.

LA RÈGLE D'OR

Ose parler de ce qui te fait souffrir, toujours.

Je dois tout le temps prendre des médicaments...

Tu dois suivre un traitement à heures fixes, faire un régime ou te faire faire des piqûres, et parfois tu en as assez de toutes ces contraintes.

C'est normal, ce n'est pas drôle et tu penses que tu as une vie différente des copains qui ne sont pas malades. Même avec ton traitement, tu es comme les autres. Essaie de ne pas considérer ta maladie comme un ennemi qui t'attaque mais comme une partie de toi-même. Tu es au monde

avec cette maladie-là, tu dois l'accepter. Tu as les yeux bleus, les cheveux frisés et... cette maladie. N'hésite pas à demander des explications au médecin, car pour l'apprivoiser, tu dois bien la connaître. Il n'y a pas que tes parents qui doivent posséder ce savoir, sinon tu ne fais que subir ta maladie, et c'est cela qui est très énervant. C'est gagné quand tu arriveras toi-même à la gérer. C'est un gros travail à faire sur toi. Ensuite, il faut s'occuper de tes parents. Ils sont souvent encore plus malheureux que toi, car ils veulent toujours ce qu'il y a de mieux pour leurs enfants. Du coup, ils s'inquiètent en permanence, te surprotègent, et cela t'empêche de grandir et d'avancer. Pourtant, on peut avoir un traitement lourd et continuer à vivre, à aller chez des copains...

À toi de jouer !

☺ Rassure tes parents d'abord en prenant régulièrement ton traitement : si tu commences à l'oublier, ne te plains pas de les avoir sur le dos toute la journée. Plus tu seras sérieux, plus on va te laisser en paix. Regarde, pour tes notes : si tu n'as que des 20, ils ne vont pas regarder ton cahier de textes tous les soirs ; en revanche, si tu n'as que des zéros, ils te surveillent.

☺ Explique à tes parents que cette maladie est la tienne, pas la leur. Dis-leur aussi qu'ils t'ont transmis plein de choses formidables, et qu'ils ne doivent pas se sentir coupables, car un parent coupable est un parent angoissé et donc forcément pénible !

LA RÈGLE D'OR

Accepte ta maladie pour pouvoir la dominer et non pas être dominé par elle.

Je suis handicapé(e)

Le handicap t'empêche de faire ce que tu veux, il te rend dépendant des autres, et c'est souvent cette dépendance qui est la plus dure.

Tu es né handicapé ou tu as eu un accident, et tu peux le vivre comme une terrible injustice. « Pourquoi moi » te demandes-tu. Comme toujours dans la vie, il faut essayer de tirer le meilleur de ce que l'on a plutôt que de se lamenter sur ce que l'on n'a pas. Tu peux être dans un fauteuil roulant et faire des tas de choses formidables que ne fera pas ton voisin qui marche, parce que dans sa tête il est terrorisé par des peurs ou qu'il n'a

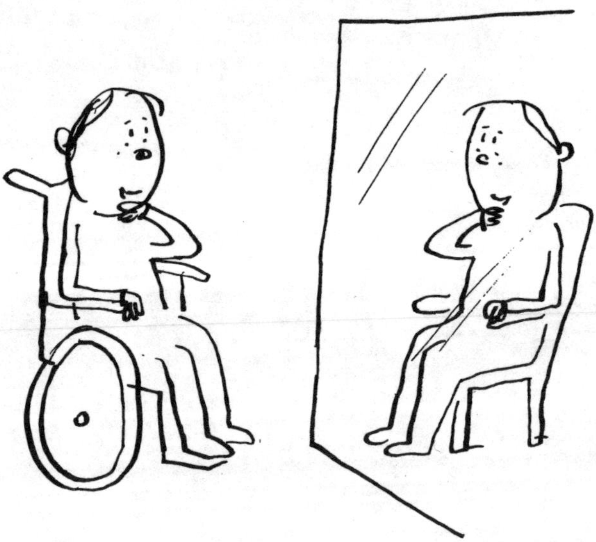

pas de copains... Au lieu de pester contre ce handicap qui te gâche la vie, retourne la question : « Qu'est-ce que je suis en mesure de faire pour réussir ma vie ? » Ce sera une victoire plus belle encore pour toi ! Les enfants handicapés sont souvent très intelligents parce que justement la vie leur a fait traverser des épreuves : ils sont comme des virtuoses qui auraient un piano cassé. Alors, il faut convaincre ton entourage de s'intéresser au pianiste plutôt qu'au piano.

À toi de jouer !

- Ne te laisse pas traiter comme un handicapé, à qui on s'adresse différemment. Si tu te trouves en présence d'une personne qui te parle ainsi, dis-lui aussitôt : « Je suis une personne normale, vous n'avez pas besoin d'avoir ce ton désolé. »

- Souvent, les gens ont simplement peur de mal faire, ils ne savent pas quelle réaction avoir. C'est à toi de les mettre à l'aise en leur demandant de se comporter comme avec les autres, c'est le plus simple !

À toi de jouer ! (suite)

☺ Parfois aussi, ils se sentent coupables de ne pas avoir de handicap. Alors là, rassure-les, si ça se trouve, ils ont beaucoup plus de problèmes que toi dans la vie malgré leurs deux jambes qui marchent ou leurs oreilles qui entendent !

☺ Sors le plus souvent possible, demande à tes parents de t'inscrire dans une association où tu retrouveras des jeunes qui ont les mêmes difficultés que toi. Vous mettrez en commun les solutions de chacun pour vivre au mieux avec votre handicap. Avec ces associations, tu pourras voyager, faire des sports adaptés à ton handicap… La solution n'est pas de rester enfermé avec tes parents. Ils sont souvent handicapés par ton handicap et il faut que tu les aides à donner le meilleur d'eux-mêmes.

À toi de jouer ! (suite)

☺ Si tu es très malheureux et que tu n'arrives pas à parler avec tes parents, demande à aller voir quelqu'un, un psychologue, par exemple, qui t'aidera à te battre et avec qui tu pourras parler de tes difficultés.

LA RÈGLE D'OR

Tout le monde vit avec un handicap, un manque, même les personnes valides. Et le pire n'est pas forcément le tien.

Mon frère est handicapé

Le problème quand on a un frère handicapé, c'est que les parents focalisent toute leur énergie sur lui, car il demande beaucoup d'attention, de soins.

Et cela rend encore plus jaloux qu'un frère ordinaire. Alors tu peux parfois penser qu'ils se moquent bien d'avoir un enfant en bonne santé… Tu te trompes. Il faut que tu saches que même si tes parents avaient douze enfants en bonne santé, si le treizième est handicapé, il va les plonger dans une grande tristesse à laquelle les douze autres ne pourront rien ! C'est toujours un peu blessant pour celui qui va bien mais c'est comme ça. Les parents

sont ainsi faits : pour eux, aucun enfant ne remplace un autre. Le problème vient surtout du fait que, la plupart du temps, ils lui permettent tout et te disent : « Tu vois bien qu'il est handicapé, ce n'est pas grave. » Alors là, il faut que tu saches que tes parents dérapent à cause de leur chagrin, qu'il ne faut pas tout céder à un enfant handicapé, et tu as le droit de dire que tu n'es pas d'accord avec cette inégalité de traitement. Ton frère fait partie de la famille, il doit se plier aux mêmes règles, autant que son handicap le lui permet. Il comprend très bien qu'il peut faire ce qu'il veut sans être grondé, que c'est toujours à toi de céder, parce que « le pauvre, il est handicapé »...

À toi de jouer !

☺ **Tu as un vrai travail à faire avec tes parents. Il faut leur faire comprendre qu'ils en font encore plus un handicapé en le traitant différemment, en n'exigeant rien de lui et en lui passant tous ses caprices. Il doit respecter les règles qui humanisent et permettent de vivre avec les autres. Sinon, il devient insupportable pour tout le monde.**

À toi de jouer ! (suite)

Le risque, c'est que tes parents exigent de toi la perfection : tu dois être premier en classe, jamais malade, jamais de mauvaise humeur, ne jamais te plaindre. Au secours ! Il faut que tu leur fasses passer le message : on peut avoir aussi des problèmes importants en dehors du handicap. Tu n'y arrives pas ? Demande à quelqu'un de ton entourage de leur parler : ta mamie, ton oncle, des amis, des parents... Choisis quelqu'un en qui ils ont confiance et qu'ils écouteront.

À toi de jouer ! (suite)

N'hésite pas à t'aérer, garde ta vie à toi... Cela n'aidera pas ton frère que tu restes à la maison pour ne pas le laisser seul.

À toi de jouer ! (suite)

- Un autre problème quand on a un frère handicapé, c'est qu'on ne peut pas se mettre en colère contre lui comme on peut le faire avec un autre, parce que cela rend trop coupable. Ne crains rien : il est normal d'avoir de temps en temps des sentiments agressifs vis-à-vis de ce frère aussi, et tu n'es pas un monstre si, par moments, tu as envie de lui balancer quelques coups de pied parce que tu en as marre. Attention, tu n'es pas là non plus pour le surprotéger.

- Essaie d'entrer en contact avec lui au-delà de son handicap : il a des sentiments, des choses à te dire. Écoute-le, il t'apprendra beaucoup. Tu verras la vie et les gens qui t'entourent différemment.

LA RÈGLE D'OR

Tu vas gagner beaucoup d'humanité et de tolérance au contact de ce frère différent.

Je ne connais pas mes vrais parents…

Ton père et ta mère ne pouvaient pas s'occuper de toi à ta naissance, ils n'ont pas pu t'élever pour des raisons que tu ne connais sans doute pas.

Alors, quand tu es né, l'État t'a pris en charge, car nous vivons dans un pays où les enfants ne sont jamais laissés à l'abandon. Tu as donc été placé dans une pouponnière en attendant que tes parents adoptifs t'accueillent chez eux. Ils t'ont adopté, c'est-à-dire qu'ils ont fait de toi leur fils ou leur fille, ils t'ont donné leur nom et t'ont inscrit dans leur lignée familiale. Tu n'es pas une

pièce rapportée, tu fais vraiment partie de leur famille. Il est très important que tu les considères comme tes parents. Ce sont eux qui t'élèvent pour que tu puisses plus tard te lancer dans la vie avec toutes les chances de réussir. Ce sont eux qui se lèvent la nuit quand tu es malade, qui consolent tes chagrins. Mais c'est normal que tu te poses des questions. Tous les enfants adoptés aimeraient en savoir un peu plus sur leurs parents de naissance, connaître ceux qui les ont mis au monde et surtout savoir pourquoi ils n'ont pas pu les élever. Il faut que tu saches que, même si tu es dans une famille où tu te sens heureux et reconnu, tu garderas toujours une petite épine dans le cœur, du fait que la mère qui t'a porté dans son ventre ne t'a pas élevé. Attention, ne crois pas que ta mère t'a abandonné parce qu'elle te trouvait des défauts. Tu n'y es pour rien.

À toi de jouer !

- Il faut que tu arrives à grandir, sans trop te polariser sur l'abandon. Il existe des gens qui n'abandonnent pas, des gens qui recueillent. D'ailleurs, même si tu fais une tonne de bêtises pour mettre tes parents à l'épreuve, pour voir s'ils vont eux aussi t'abandonner, eh bien, tu vois qu'ils ne le font pas. Une fois qu'on a été adopté, on ne peut plus être abandonné, c'est pour toute la vie.

- Tu es quelquefois un peu triste ? C'est normal, ne te sens pas coupable vis-à-vis de tes parents adoptifs, tu ne les trahis pas pour autant.

À toi de jouer ! (suite)

☺ Il y a quelques années, on ne pouvait rien savoir sur ses parents de naissance. Aujourd'hui, il existe des organismes qui s'occupent de récolter des renseignements sur les familles d'origine. Tu pourras avoir accès à ton dossier quand tu auras dix-huit ans.

LA RÈGLE D'OR

Les vrais parents, ce sont ceux qui nous élèvent.

Un de mes parents est mort...

On est vraiment triste pour toi, parce que tu traverses une épreuve très douloureuse.

Tu es entouré d'enfants de ton âge qui ont leur père et leur mère et cela doit te faire mal de les voir heureux avec leurs deux parents. C'est une perte immense dans la vie d'un enfant. Tu te retrouves avec un manque que tu vas devoir essayer de surmonter. C'est le moment de trouver en toi toutes les forces que ce papa ou cette maman t'ont léguées avant de partir. Tu as le

droit d'avoir du chagrin, ne t'interdis pas d'être triste de peur que cela augmente la peine de ton parent vivant. Pour l'instant, tu penses que cela va être impossible de vivre sans ton père ou ta mère, puis tu vas comprendre tout doucement que ton parent disparu est toujours en toi. Il t'aide parce que tu penses à lui, que tu as envie de grandir pour devenir ce qu'il aurait aimé que tu deviennes, qu'il aurait été fier de toi. Pour l'instant, cela te semble une mission impossible, prends le temps de ton chagrin, tu vas voir, tout doucement, tu vas y arriver.

À toi de jouer !

☺ N'hésite pas à voir des copains, même si tu n'en as pas très envie. Rapproche-toi des gens que tu aimes bien dans la famille.

À toi de jouer ! (suite)

☺ Pose plein de questions à tes grands-parents sur ton père ou ta mère qui n'est plus là. C'est important pour toi de connaître le plus de choses sur lui, sur elle. Tu en as besoin pour te construire. Cela te sera utile aussi plus tard pour répondre aux questions de tes enfants qui voudront savoir comment était leur grand-père ou leur grand-mère. Ce drame peut devenir pour toi une grande force. La mort fait partie de la vie. Quand on accepte l'idée de mourir, on accepte aussi de vivre.

LA RÈGLE D'OR

Les chagrins les plus terribles peuvent aussi donner les forces les plus grandes.

MARRE!

Ce livre t'a plu ?

Offre-le à tes copains pour leur anniversaire, laisse-le traîner pour que tes parents aient l'occasion d'y jeter un œil. Ouvre-le à la page qui concerne tes frères et sœurs et mets-le sur leur lit, mine de rien. Si tu as d'autres questions qui te titillent, écris-nous pour nous les soumettre. Nous y répondrons !

Albin Michel Jeunesse, Comment survivre en famille, 22, rue Huyghens, 75014 Paris.

Notes

Notes

Notes

Cet ouvrage a été composé par
I.G.S.-charente Photogravure à l'Isle-d'Espagnac
Imprimé en France par Normandie Roto Impression s.a.s. à Lonrai
N° d'imprimeur : 040250 - Dépôt légal : février 2004
N° d'édition : 13267/5